JN308908

ものづくりを仕事にしました。

女性クリエイター15人ができるまで

目次

001 『ステンドグラス作家』nido ... 5

002 『バッグ作家』中林ういさん ... 13

003 『小箱作家』高見沢美穂さん ... 21

004 『あみぐるみ作家』タカモリ・トモコさん ... 29

005 『アーティスト』小山千夏さん ... 37

006 『陶芸家』古角志奈帆さん ... 45

007 『フローリスト』平松美加さん ... 53

- 008 『スウィーツ・クリエイター』笠尾美絵さん　61
- 009 『革・腕時計作家』フジイサユリさん　69
- 010 『クラフト作家』井上陽子さん　77
- 011 『額縁作家』石井晴子さん　85
- 012 『切り紙作家』矢口加奈子さん　93
- 013 『シューズクリエーター』野田満里子さん　101
- 014 『POPBONSAIアーティスト』田嶋りささん　109
- 015 『シルバーアクセサリー作家』長崎由季さん　117

ステンドグラスを通して
入る光は、揺れ動くたびに
違う色と表情を見せる。
どことなくノスタルジック。
でも見たことのない新鮮さと、
ドキドキするような
気持ちを与えてくれる。

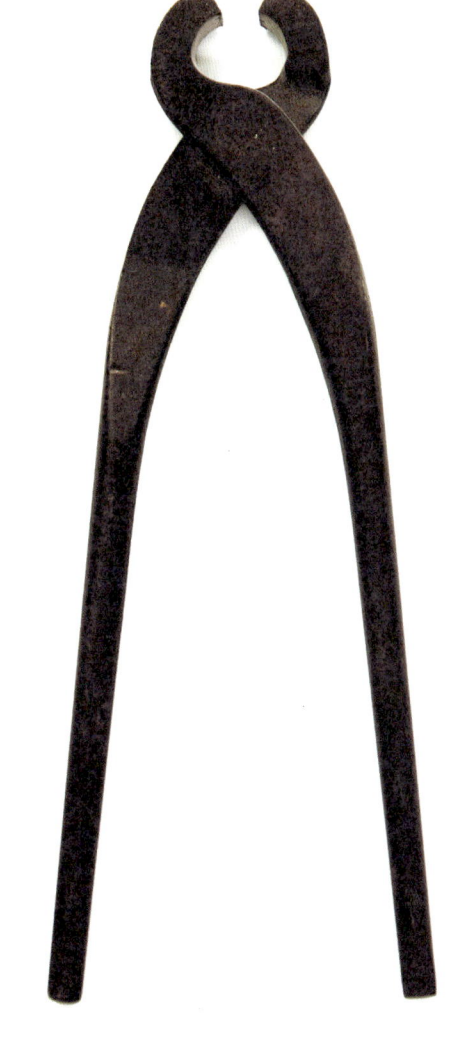

001
ステンドグラス作家
nido

ろうと思えば、大きいものから小さいものまで、どんなものでもつくれるんです。ステンドグラスという素材を使って、自分の手でいろんな新しいものを生み出せるところがいいですね。無限の可能性を感じます」という矢口さん。

真野さんは、「自分の想像以上のものができあがる瞬間が、面白いんです。電気釜でガラスを焼くのですが、焼き上がって時間が経ち、温度が冷めるまで、どんな色になるかわからないんです。ときには、一日がかりで作業して仕上げたものが、大失敗っていうこともあります。でも、その予測不能な部分が楽しいんですよね。ランプやミラーといったステンドグラスなどの作品以外に、個人宅の窓やショップの看板といえる作品も、オーダーで制作している。ときには、難しい発注を受けることもある。「お客様の意向に沿いつつ、自分たちの個性を出すのは難しい作業ですね。オーダーされたものの、どのあたりまで自分たちらしさを主張するかという割合は、いつも悩むところです。でも、最初は難しいオーダーだ

なぁと思っても、三人で話し合いながらつくっていくと、不思議と問題点が解決するんですよ。そうやって完成したものを見ると、ちゃんとnidoの作品になっている。ひとりじゃできないことも、三人いるからできる。そう感じることが多いですね」。矢口さんの言葉に、真野さんも深くうなずく。

共同制作にありがちな意見の食い違いや、意識のズレ、作品制作において誰がイニシアチブを取るのかといった問題は、nidoの三人には関係ないようだ。なぜなら、三人でユニットを始めようと決めたとき、とことんまで話し合ったから。基本的な趣味は似ているけれど、細かい部分の好みは、もちろん三人それぞれ違う。でも、nidoという一つの名前の下でものをつくるのだから、その芯となるラインを踏み外すことは、あってはならない。nidoとして何をつくりたいのか、どんな表現をしたいのか。三人で、じっくり話をした。そこで互いに確認し合った、表現の核となるものがあるからこそ、「三人だから、うまくいく」と言えるのだ。

ステンドグラス作家

nidoの三人のトライアングルは、絶妙なバランスで成り立っている。矢口さんにとって真野さんは、昔からの友人だ。「一心同体みたいなものですね。趣味も似ているし、ものをつくる姿勢やペースもそっくり。一緒にいて心強い存在です。そして米屋さんは、常に刺激を与えてくれる人。私たち二人が思いつかないような、新しいものを持ち込んできてくれるんです」。

一方の真野さんは、「私は矢口さんに育てられたようなもの」と笑う。「もともと矢口さんは、友達のお姉さん。5歳違うのですが、思春期の頃に最も影響を受けた人なんです。感覚や感性が近いんでしょうね。これは好きだろうなとか、これはナシだなっていうのが、だいたい分かるんですよ。米屋さんは、ふとしたときに、ドキッとするようなことを言ってくれる人です。"おおっ"と思えるようなことを、何気なく言うところがすごい。いろんな視点からものを見ることができるんですよね」。

双子のような感性を持つ矢口さん、真野さんと、そこに新しい風をもたらしてくれる米屋さん。三人にしか分からない、独特のバランスが保たれている。

アトリエでは、ショップのほかにステンドグラス制作の教室も開いている。「もっとステンドグラスを身近に感じてほしい」という思いからスタートした教室だ。キ

ステンドグラス作家

ャンドルホルダーや手鏡といった身近なものをつくることで、「ステンドグラスって自分でつくれるんだ」と親しみを感じてもらいたい。大げさなものじゃなく、誰にでも楽しめるものなんだということを知ってほしかった。

「最初は、人にものを教えるなんて、自分には無理……と思っていました」という真野さん。「でも、やっていくうちに、いろんな人と接することが楽しいなって思えるようになったんです」。ステンドグラスに興味を持って集まる人ばかりだから、話は尽きない。「イラストを描いたり、何か違うものづくりをしている方が教室に来ることも多いんです。人によって全然違うものができるし、思ってもみないようなものができ上がることもある。それを見るのも面白いですね」。

これからも、この場所で、今のままのスタイルで制作活動を続けて行きたいという二人。いつになるかは分からないが、窓、ランプ、キャンドルまで、ひとつの空間をすべて nido の作品でコーディネートしてみたい、という夢もある。「どんな形になっても、ステンドグラス制作はずっと続けて行きたいんです」。矢口さんの言葉に、再び、真野さんが大きくうなずいた。

11

ニド　ステンドグラス作家

●アトリエ＆ショップ
アトリエ兼ショップ　nido
場所　　　東京都台東区谷中3・13・6
電話　　　03・3824・2257
営業時間　11:00〜20:00
定休日　　水休
HP　　　http://homepage3.nifty.com/nido/

●プロフィール
2003年　ステンドグラスをスクールで学んでいた
　　　　矢口さん、米屋さんと、矢口さんの古くからの
　　　　友人だった真野さんの3人で活動を開始
2004年　アトリエ兼ショップをオープン
　　　　ステンドグラス教室を開催

現在、アトリエでの活動を中心に、
オーダー作品も制作している

ステンドグラス作家になるには…
教室・学校に通う、ステンドグラス工房に就職する、
独学で習得する、という3つの方法が考えられる。
通信教育で学ぶこともできる。
海外にはステンドグラス学科を設置している大学も
あるので、思い切って留学するという手もある。

懐かしい、面白い、
かわいらしい。
一つひとつのバッグに
まったく違った思いを抱く。
小さな四角いバッグに
描かれたそれぞれのシーンには
そこにしかない世界がある。

バッグ作家
中林ういさん

002

いつでもやめられる、ぐらいの気持ちでずっと続けたい仕事

中林さんのつくったかばんを見るときは、まず遠目で眺めて見ることをおすすめしたい。花や鳥、スキー場の風景、駅弁の包み……。さまざまな絵柄が並ぶ中から、これというものをひとつ決めたら、少しずつ近づいてみてほしい。じーっと見つめているうちに、必ず、「ここって、こうなってるんだ！」という驚きと発見の瞬間があるはずだ。小さな謎が少しずつほどけて解決されるように、徐々に答えが見えてくる。型染め、シルクスクリーン、アップリケ、刺繡、消しゴムはんこ。ご本人は「そればぐらいしかできないから」と謙遜するが、細かいディテールを正確に描くため、最適な技法が選択されていることが分かる。かばんというキャンバスに、旅の途中で出会った景色や、ふとしたときに見つけたものが、中林さんというフィルターを通して描かれる。

幼い頃から裁縫が好きで、いつも何か手を動かしてつくっている子どもだった。幼稚園生のときには、すでに「絵を描いてごはんを食べて行こう」と決めていた。「母親が雑貨や骨董品が好きな人で、子どもの頃からいろんなお店に連れて行かれたんです。家にもそういうものが

あふれていたし、一種の刷り込みみたいなものでしょうね」。そんな英才教育（？）のおかげか、高校卒業後は美大のファッション専攻へ。「でも入ってすぐに、ファッションの世界は自分には向いてないって思いました。流れが速すぎるし、知らないところで流行が決められて、それですべてが左右される。それに、たくさんの人が関わらないと、一着の服ができない。自分がやりたいのはこういうことじゃないと感じました」。

というわけでファッション専攻であるにも関わらず、学生時代はダンボールにハマり、実物大の洗濯機やシステムキッチンなどをダンボールで制作。卒業が近くなり、店舗内装やディスプレイの会社の説明会にも参加したが、今ひとつピンとこなかった。「自分がやりたいことを、どこの会社に行けばできるのか分からなかったんです。これはもう自分でやるしかないなと思って、結局、就職はしませんでした。自分で自分の職業をつくっていこうと思ったんです。アルバイトをしながら作品制作をして、年1〜2回のペースで個展ができればいいかなと」。

卒業からしばらく経って、あるギャラリーに作品の持

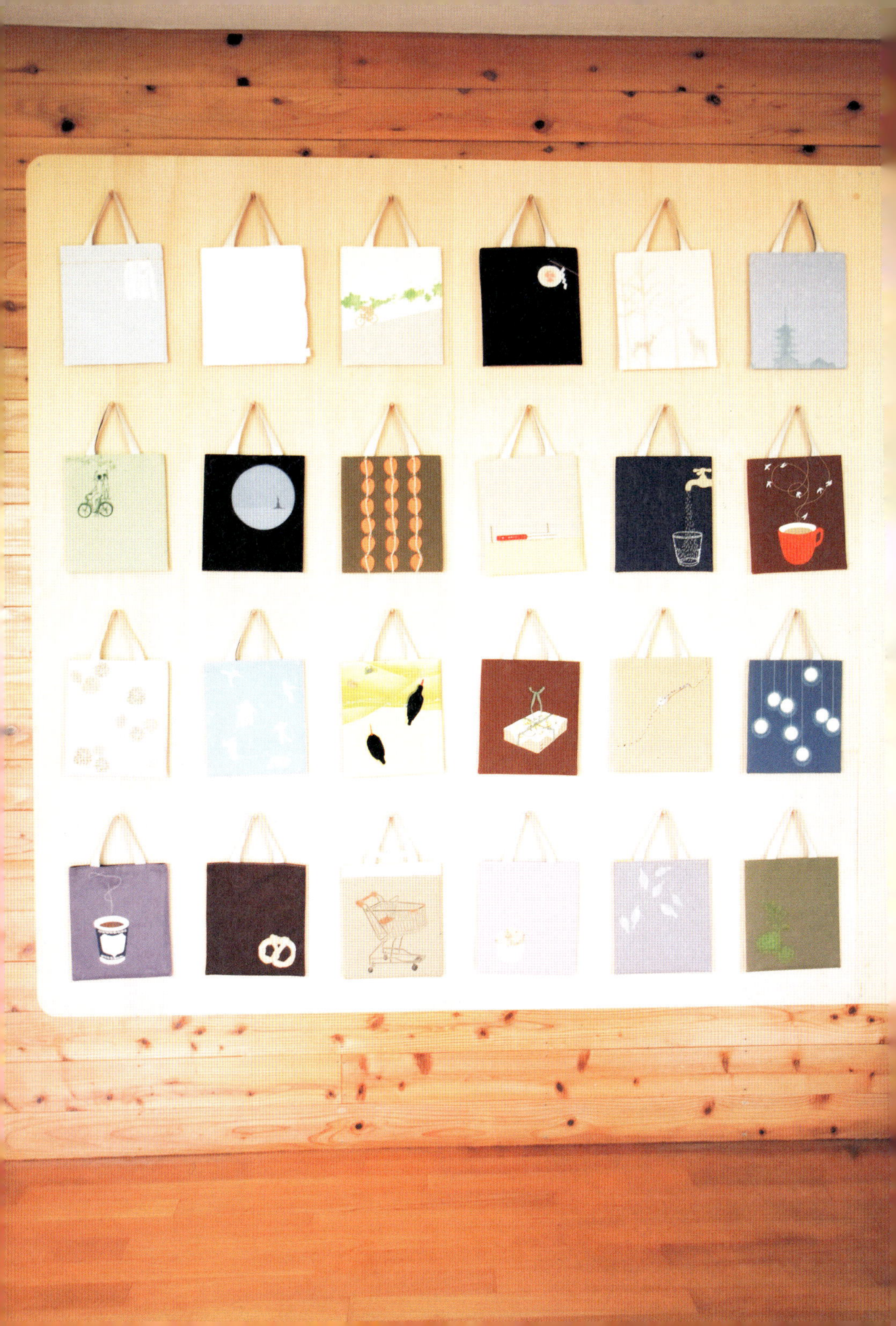

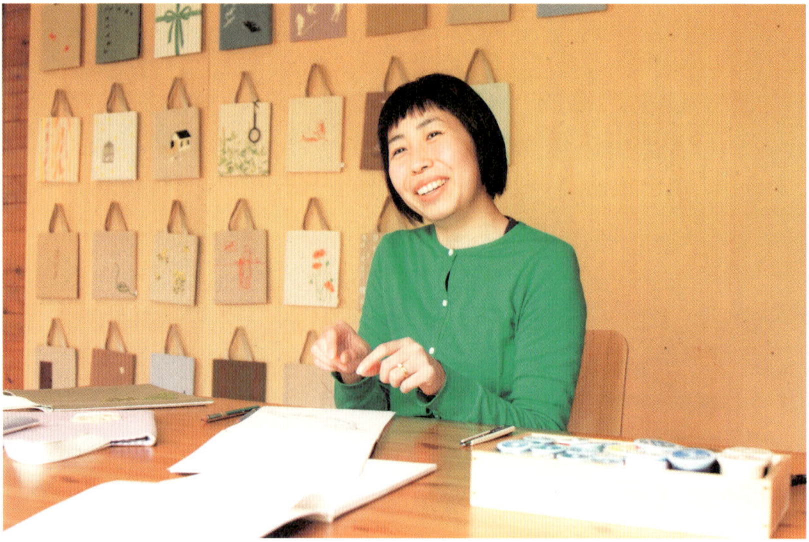

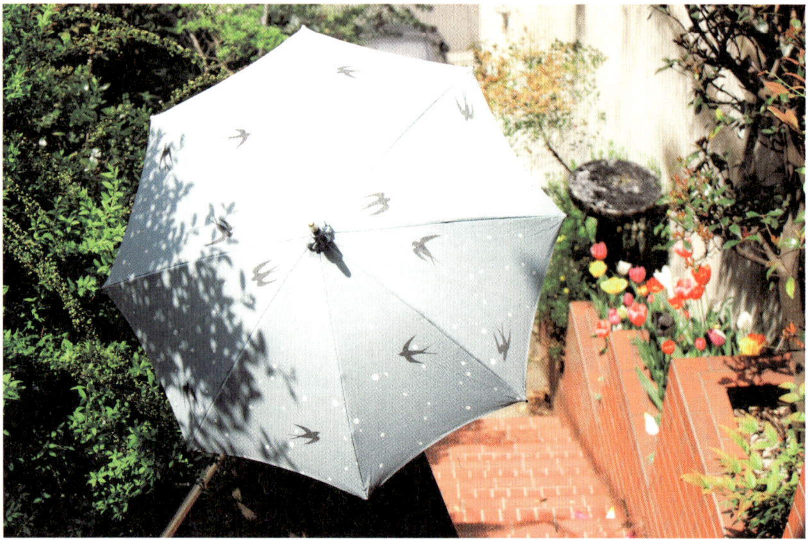

バッグ作家

ショップから作品を引き上げて、個展で発表するスタイルに切り替えた。年一回の個展で200〜300個を作成し、販売する形だ。売り上げ云々よりも、納得いく形で仕事をしたい気持ちのほうが強かった。

「せっかくひとりで始めた仕事なんだから、自分の思うようにしたいんです。個展というスタイルなら、空間すべてを演出できる。例えばテーマが"sleep"なら、それにまつわる絵柄のバッグをつくって、会場には羊のオブジェを作成して配置する、とか。かばんも含めた、空間全体を作品として見てもらいたいんですよ」。個展を見に来てくれる人たちの存在が、励みにもなる。「ちょっと声をかけてくれたり、会話はなくても、芳名帖を見て、あ、この方また来てくれたんだなとか。自分の作品を待ってくれてる人がいるというのは、心強いものですよね」。

最近では、都内だけでなく、京都や仙台、大阪などでも個展を行っている。「今年、滋賀県でも個展をしたんです。そのとき70歳ぐらいのおじいさんがいらしたんですが、ザルを使ったスズメ捕りをモチーフにしたかばんを見て、"懐かしいなぁ"って言ってくれたんですが、それがとても印象的でした。でも、"これをつくった人は、おばあさんでしょう?"って言われたのが、おかしかったですね(笑)。中林さんのつくるかばんは、限られたジャンルの人や、ある一定の趣味嗜好を持つ人だけに訴えるものではない。老若男女、誰が見ても、自分の経験や思い出とリンクするものが見つかる。それが、彼女のかばんが持つ、不思議な魅力の理由なのかもしれない。

「見る人によって、それぞれ違った感想を持ってくれるのが面白いし、そういうものをつくり続けていきたいですね。この仕事はずっと続けると思うんですが、一方で、いつでもやめられる状態でいたいんです。だから、ひとりで活動しているというのもあります」。

「逃げ道を用意しておかないと、自分で自分を追い詰めてつらくなるし、作品にもマイナスな気持ちが出てしまう。無責任に仕事をするわけじゃなく、責任を持っていく長く、おばあちゃんになるまで続けたいですね。気が付いたら、なんだかんだで40年やっちゃったな、そんな風になれたらいいかな」。

ナカバヤシ・ウイさん　バッグ作家

●アトリエ
自宅兼アトリエにて制作

●プロフィール
1975年生まれ
1999年　武蔵野美術大学卒業
　　　　　　バッグブランド「ui」を立ち上げる
　　　　　　合同展示会に参加
　　　　　　青山スパイラルマーケットにて初個展
2002年　初めての作品集を出版

現在、個展を中心にバッグ制作、クラフト作品制作、
執筆活動などを行う

バッグ作家になるには…
専門学校などで鞄をつくるための基本的な技術を学ぶ
こともできるが、独学でつくり方を習得する人も多い。
ハンドメイドの小物を扱っているショップや、
アパレル関係のショップ、ギャラリー、HP、
展覧会などで販売する。

陶器でできた、丸い家、四角い家、細長い家。小さな家々が集まって村や町ができ上がる。掌に、すっぽり納まる小箱の世界。そのストーリーはどこまでも広がっていく。

003

小箱作家
高見沢美穂さん

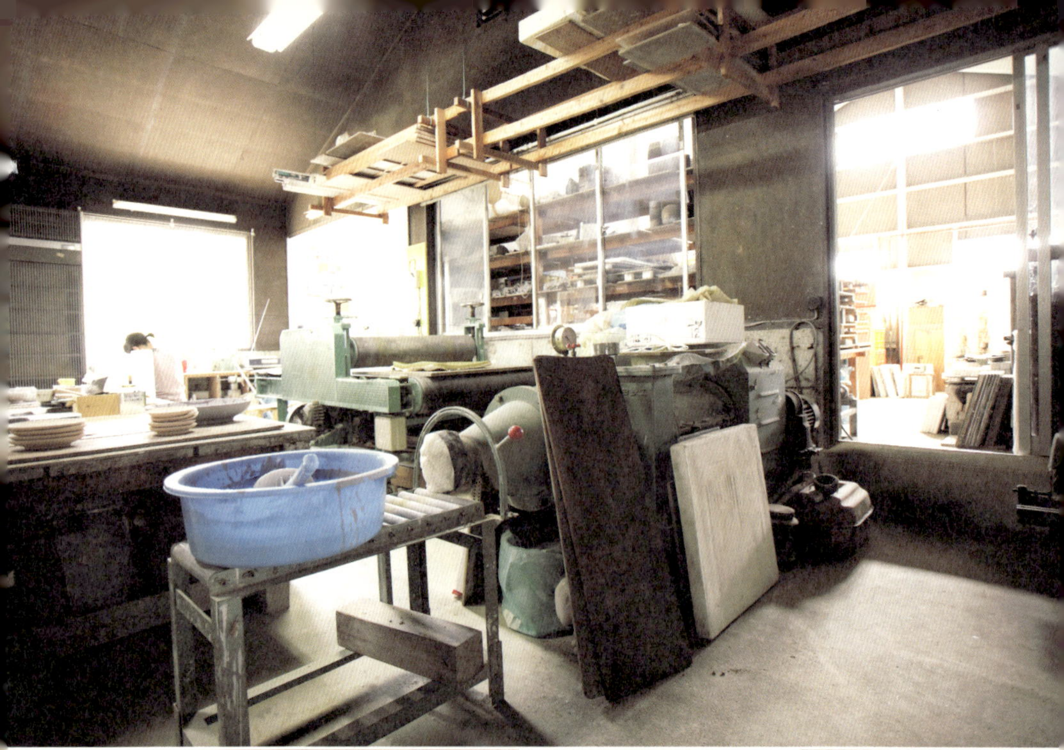
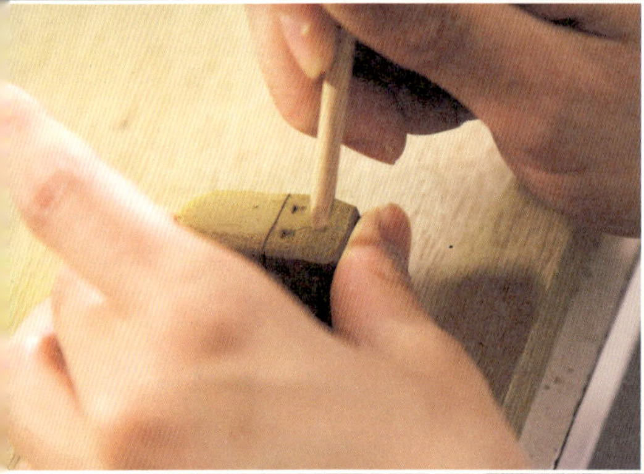
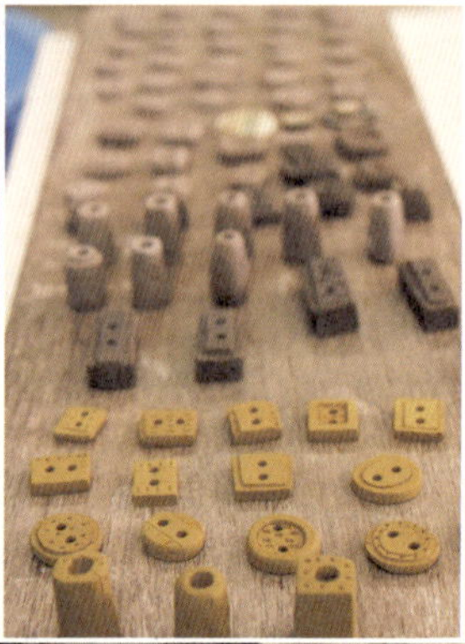
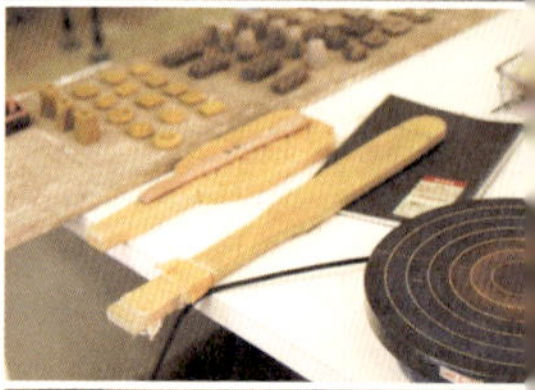
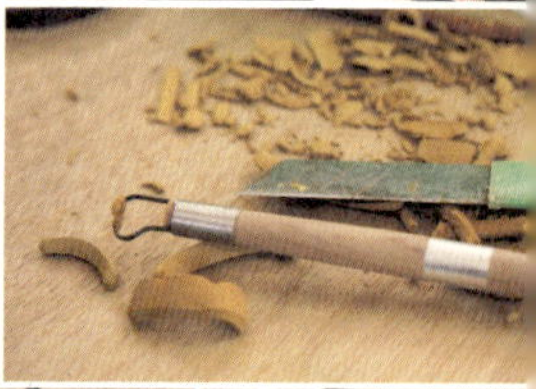
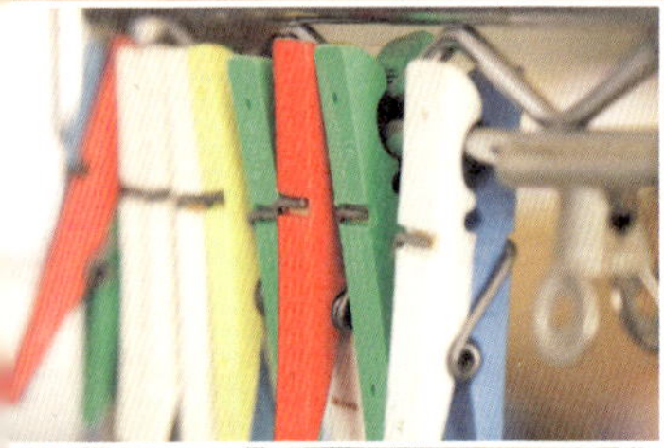
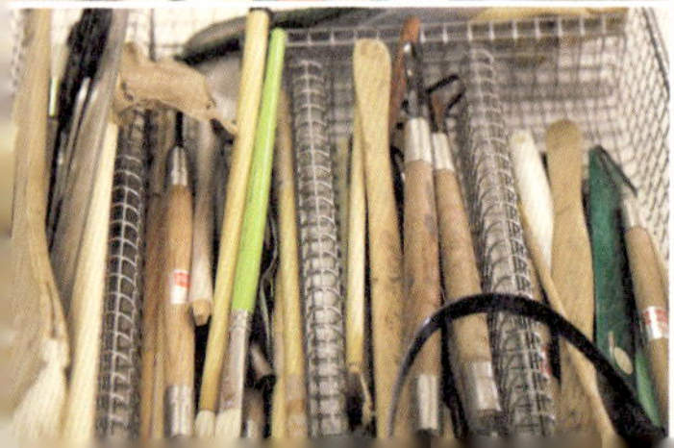
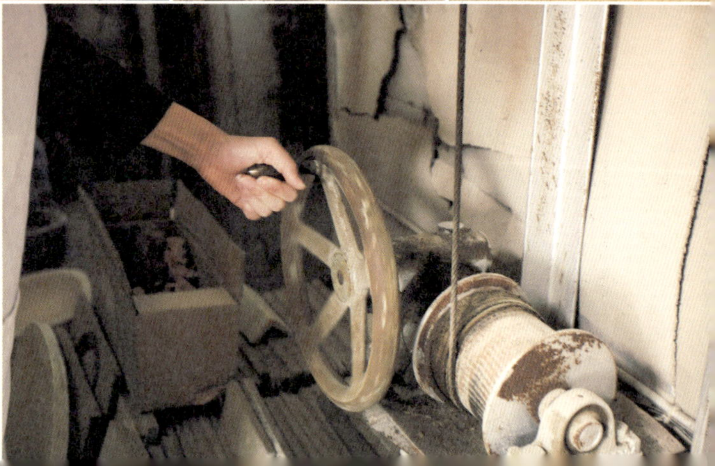

小箱作家

の生活サイクルに慣れてくるに従って、感じ方が変わってきたんです。東京にいた頃は、ショーウィンドウの変化やバーゲンセールで季節を感じるような生活をしていたけれど、ここでは季節の移り変わりを肌で実感できる。田植えが始まったなぁとか、山菜の時期だなぁとか、実りの秋になったなぁとか。そんなことが、すごく楽しく思えてきたんですよ」。

何もないからこそ感覚が研ぎ澄まされ、子どもに戻ることができる。ふとしたことに心が動き、感情がきちんと機能するのを感じた。それが、ものづくりにもいい影響を与えている。

家をモチーフにした小箱を作り始めたのも、笠間に来てからのことだ。それまではまったく作風の異なる、巨大なオブジェを作っていた。「大きいものを作るのって、ほとんど〝闘い〟って感じなんですね。すべての作業が重いし、きつい。そういう作品を長くつくってきたのですが、もっと温かくてやさしいものを、自分の掌に収まるサイズで作りたくなったんです。いまの自分にとって、一番大切なものを形にしたい。そんな思いから生まれてきたモチーフが、「家」だった。

「東京に居た頃はお店をやっていたこともあって、家にいる時間が極端に短かったんです。だから、自分の家に

対する執着心や関心が薄かったんですよ。でもここに移ってからは、暮らしも、朝から晩までずっとこの家で営まれている生活。制作も、暮らしも、すべてがこの家の中で営まれている。改めて、家って大事だなって思えるようになりました。自分にとっての「家」とは、本当に好きなものや、大事なものが詰まっている場所。それが、大切なものを入れて開け閉めする「小箱」のイメージと重なった。そうして生まれたのが、家の形をした小箱のシリーズだ。四角い家、どんぐり型の家。黒っぽい壁の家に、ブルーの屋根の家。形も色も、それぞれみんな違っている。

「手の中で作業して生まれるものなので、一つひとつの作品が我が子みたいに感じるんです。生み出している、という感覚が強いですね。とくにデッサンはしないのですが、色は自然の花や草木がヒントになることが多いです。それと、かわいくしすぎない、っていうのもポイントかな。男の人でも気軽に手に取れるようなものにしたいんです。男の人の殺風景な部屋に、こういうものがポツンと置いてあるのもいいかなって」。

現在、笠間のほかに、都内で3軒のお店に作品を置いている。小箱のほかに、レリーフやボタン、アクセサリーなども制作し、定期的に展示会も行っている。「生活とのバランスも含めて、今はいいペースで仕事ができてい

る」という高見沢さんだが、それは「家族がいるからこそ」という思いが強い。

「家族四人、全員がものをつくる人たちなので、お互いへの理解が深いんだと思います。とくに、父母の存在は大きいですね。二人とも、陶芸家として精力的に活動を続けているんです。器もつくるし、大規模なインスタレーション作品もつくる。その姿をそばで見ていると、すごいなぁって尊敬するのと同時に、若い自分たちももっと頑張らなくちゃいけないなって、背中を押されるんですよ」。

長年、創作活動を続けてきたご両親は、高見沢さんにとって、頼もしい道しるべのような存在だ。「ものをつくって生きて行くというのは、こういうことなんだ。こういう風に生きて行けばいいんだ」という指針が、目の前にある。それが、とても心強いという。

ご主人も、そんなご両親のもとで育ってきた人だ。お互いが忙しいときには、自然とその仕事を手伝う。仕事も家事も、家族の中の誰かひとりが無理して負担することはない。「主人とは、お互いの作品にいつも意見を言い合いながらつくっているんですよ。一番そのない、信頼できる言葉をくれる人ですね」。

高見沢さんがつくる、温かくやさしい、大切な宝箱の

小箱作家

ような家。その作品イメージは、自らが暮らす家の持つ雰囲気と、そっくりそのまま重なっている。「ものをつくること」と「暮らすこと」が、自然に溶け合い共存する、幸せな居場所。もうすぐそこに、新しい小さな家族が、またひとり加わることになる。

タカミザワ・ミホさん　陶芸家

●アトリエ＆ショップ
アトリエ　伊藤アトリエ
場所　　　茨城県笠間市本戸6097・1
電話　　　0296・74・4035
HP　　　　http://www.takamiho.com/

●プロフィール
1974年生まれ
1999年　女子美術大学大学院　陶造形領域終了
　　　　在学中より始めていた、
　　　　陶芸ショップと教室で活動
2002年　笠間芸術の森に、
　　　　作品「土の記憶より」を屋外設置
　　　　以後、定期的に個展やグループ展を開催

現在、伊藤アトリエで制作をしながら個展・展覧会を中心に活動中

陶芸作家になるには…
とくに学歴や資格は必要ないが、専門の学校や職業訓練校で、技術やデザインを習得しておくほうが望ましい。陶芸専門店、ギャラリー、個展、HPなどでの販売がメイン。

004

楽しいときには
もっと楽しく。
寂しいときには
そっと寄り添ってくれる。
何も言わないあみぐるみだけど
その豊かな表情は
言葉よりももっと多くの
ことを語ってくれる。

あみぐるみ作家
タカモリ・トモコさん

あみぐるみ作家

「好き」という気持ちを大事に育てれば何かにつながる

「かわいい」という言葉をこれほどまでにストレートに体現しているものには、そうそうお目にかかれない。タカモリ・トモコさんがつくるあみぐるみを見た瞬間、口から出る言葉は間違いなく「かわいい!」の一言だ。直球どまんなかに「かわいい」猫やクマのあみぐるみもあれば、ちょっとひねった「かわいい」を感じる虎のあみぐるみなんてものもある。動くおもちゃの犬にすっぽりあみぐるみを被せたもの、お腹の中からもう一体あみぐるみが出てくるものなど、ちょっと笑ってしまいそうな「かわいい」ものも。そのどれもが、一目見てタカモリさんのあみぐるみだと分かる個性を放っている。

今や、あみぐるみの第一人者であるタカモリさんだが、もともとはフリーのイラストレーターとして仕事をしていた。「あみぐるみは趣味だったんです。初めてつくったのは、19〜20歳ぐらいの頃。ゴダールの映画『気狂いピエロ』で、アンナ・カリーナが持っている黒い犬のぬいぐるみがほしかったんですよ。お店を探しても似たようなものがなかったから、よし、自分でつくろうと思って」。

頭の中に完成形があるから、編み図は必要なかった。

「編めば編むほど、どんどん形になっていくから彫刻みたいで面白かった。ちょっと失敗しても、ほどけばすぐにつくり直せるし。失敗したって大丈夫ってところがよかったのかもしれません。私はかぎ針で編むんですが、かぎ針はほどくのが、すごく手軽なんです」。

ちょうど、イラストの仕事に行き詰まりを感じていた頃だった。イラストを描いても、なぜか自分自身が完全燃焼していないようなくすぶりが残った。「自分が下手だと思い込んでいたみたいなんですよね。描いても描いても、満足できなくて。ほかの人のイラストを見るのは好きなんだけど、自分でイラストを描くのがどんどん苦しくなっていったんです。イラストの仕事から離れたい、でも自分にはほかに何ができるんだろう、と考えたとき、そこにあみぐるみがありました。あみぐるみに対して、イラストの仕事以上に手応えを感じることができたんです」。

たまたま知り合った人に「あみぐるみを作っている」という話をしたところ、テディベアの作家を紹介された。「その人のすすめで、クマのあみぐるみをつくってテディベア専門店に置いてもらったら、予想以上に好評で。イベントにも参加したりしているうちに、出版社の人か

31

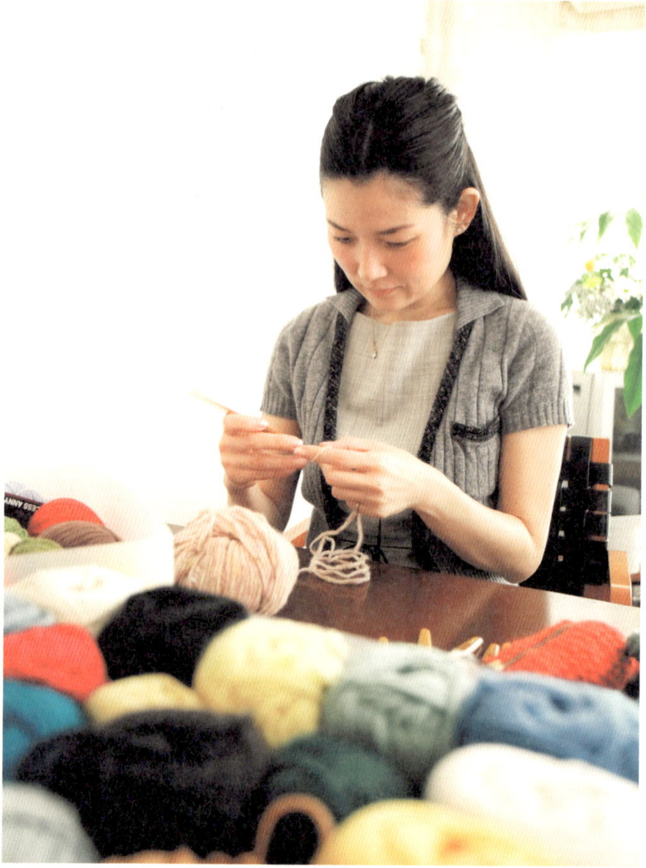

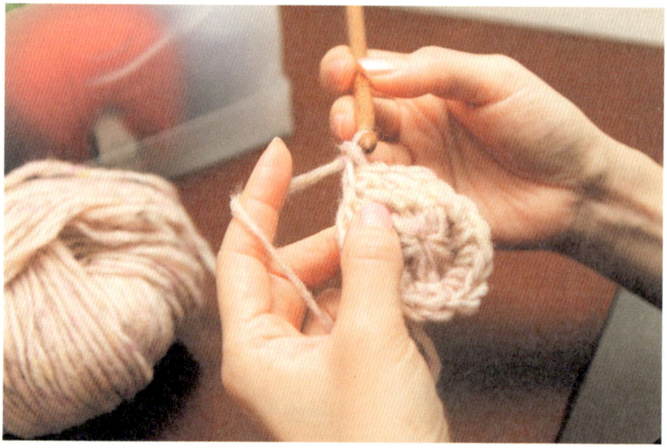

ら〝あみぐるみの本を出してみませんか〟と声をかけられたんです」。最初の本を出版したが、当時はまだ「あみぐるみ」という言葉自体が一般的なものではなかった。「あみぐるみをつくってます、と言っても〝何それ？〟という反応が多かったですね。初めてのことばかりだったので、あみぐるみというもの自体が浸透するまでは難しいこともありました」。同じ頃、あみぐるみを教える教室もスタートした。

「少しずつでもいいから、いろんな人にあみぐるみが伝わっていけばいいな、と思って教室を始めました。私は自分であみぐるみをつくることももちろん好きだけど、ほかの人にあみぐるみをつくってほしい、という気持ちがすごく強いんですね。勝手に、自分のことをあみぐるみの伝道士だと思っているので（笑）。あみぐるみをつくる人が増えてきたのは、私にとってすごく嬉しいことなんです」。

教室で生徒さんたちと接するのは、ひとりの制作の時間とはまた違う喜びがあった。「生徒さんが、体を壊して仕事を辞めるお友だちに、あみぐるみをつくってプレゼントしたそうなんです。そうしたら、そのお友だちが泣いて喜んでくれたっていう話を聞いて、私もすごく嬉しくなっちゃって。私が直接、人を癒すことはできない

けれど、私がつくったものが誰かの癒しになっている。教室の生徒さんを介して、そういうものが知らないところで広がっていく。なんだか嬉しいなぁって思います」。

タカモリさんがつくるあみぐるみの「かわいい」には、それを見る人、持つ人のいろんな感情が反映されている。仕事から帰って、自分の部屋にあみぐるみがぽつんと座っている。その姿を見るだけで、何かほっとする。見ていると心がなごむ。気持ちがゆるんで、やわらかくなる。

「ずーっと愛してもらえるような顔をつくりたい、と思ってつくっています。表情があるようで、ないような。ちょっと下手なぐらいのほうが、かわいく見えるんですよね。見る人の気持ちによって笑顔にも見えるし、寂しそうにも見える。持つ人の、気持ちに寄り添えるような人形をつくりたいんです。そうすれば、ずっと愛されるだろうし、かわいがってもらえると思うから」。

とはいえ、仕事になるとつらいこともある。忙しいときには、お風呂とトイレとごはんの時間以外、ひたすら編み続けていたこともあった。「そんなときは、私、何してるんだろうっていう気持ちになります。「どんな仕事でも楽しいことばっかりじゃないから」。フリーという立場で仕事を続けている以上、明日のことは分からない。それは、今も昔も変わらない。

「不安に思うこともあったけど、そういう時期はもう、自分の中で終わりました。だって、不安がってる時間がもったいないもの。心配ばかりしていても、不安がなくなるわけじゃない。逆に不安が大きくなるだけ。自分にはあみぐるみしかない、って思いつめるんじゃなくて、自分にはあみぐるみがあるんだ！って思えるように思います」。

つくろうと思えば、どんなものでも毛糸でつくれてしまう。それが強みだ。「自分の好きなものは、全部あみぐるみで表現できる。そう思ったら、どこまでもつくり続けられるんですよね。日常生活が、全部あみぐるみをつくる上でのヒントになるし。最近は、和風のものをあみぐるみで表現することに凝っている。こけしや、吊るし雛といった和のものも、あみぐるみでつくれば、一味もふた味も違った表情を見せる。

「和洋あっちこっち、いろんなものが私は好きなんですけど、共通しているのはかわいらしい色と、雅な雰囲気。張り子とかもかわいいですよね。昔の玩具にも興味があります。あと、あみぐるみでアニメーションをつくってみたい。すっごく大変だとは思うんですけど、実現できたら嬉しいですねぇ」。

あみぐるみを仕事にして、10数年。最近、なぜかまたイラストを描きたくなってきた。「まだ手は着けていないんですけど、少しずつ描きたい気持ちが高まってきています。年を重ねるごとに、考え方がやわらかくなってきたのかもしれませんね。昔は、自分は絵が下手だからダメ、と思っていたけど、下手でもいいじゃない、自分の持っている力を出しきれればと思えるようになってきました」。

どんな仕事も、同じだけ「大変」と「楽しい」がある。ただ、その「大変さ」が、自分にとって大丈夫かそうでないかの違いだけ。「好きなことなら、どんなにつらくてもたいして大変だと思わないですよね。私も最初は、あみぐるみが好き、それをつくる作業が好きっていうところから始まっているんです。"好き"という気持ちを大事に大事に育てていけば、自然とその先につながっていくんだと思いますよ」。

あみぐるみ作家

タカモリ・トモコさん　あみぐるみ作家

●アトリエ
自宅兼アトリエにて制作
HP　「タカモリ・トモコのあみぐるみ」
　　　http://www.amigurumi.net/
　　　「福ちゃん日記（幻冬舎ウェブマガジン）」
　　　http://webmagazine.gentosha.co.jp/
　　　fuku-chan/fuku-chan.html
　　　「タカモリ・トモコとあみぐるみ（ほぼ日刊イトイ新聞）」
　　　http://www.1101.com/takamori/index.html

●プロフィール
1986年　イラストレーターとして活動
1993年　あみぐるみ作家としての活動を始める
1994年　初めての作品集を出版
‒‒‒‒‒‒
現在、あみぐるみ作品集の出版、
カルチャースクール講師、企業キャラクターの
デザイン・制作などを中心に活動している。
あみぐるみ以外に服飾小物も制作する

あみぐるみ作家になるには…
編み方の基礎本を読むなどして、基本的なつくり方を
習得する。販売は、ハンドメイド作品を扱っている
ショップや、個人HPなどで行う。
趣味であみぐるみを制作している人は多いが、
作家として仕事ができている人は少数。
オリジナリティを持つことが重要。

自分でつくれるものは
何でもつくる。
生活の中から自然と
作品が生み出される。
思い込みにとらわれず、
ものづくりを続けてきた。
気が付いたら、
「ものをつくる人」に
なっていた。

005

アーティスト
小山千夏さん

サンライトギャラリーと名付けられたその場所に、小山さんは5年間に渡って関わることになった。「堅苦しい画廊とは違って、とても開放的な場所だったんです。そこでいろんな人と出会って、友達が増えていきました。でも今よりずっと葉山も田舎で、すっごく不便な場所だったから、本当に人が来ないんですよ(笑)。あまりたくさんのバイト代は払えないから、自分でものをつくって、それをギャラリーで売ってほしいと言われた。そんな経緯で、店番をしながら空いた時間に針金の作品をつくり始めたのだ。「それが雑誌で紹介されたり、ほかのお店に置いてもらえるようになったりして、いきなり〝ものをつくる人〟になっちゃった。だから、何かすごく特別な努力をしてこうなったわけじゃないですよ。その時々で、自分にでき得る限りのことはしてきたと思うんですけど。ただ、サンライトギャラリーで過ごした5年間は、自分にとってすごく大きかったと思う。出会った人、過ごした時間、共有していた空気。間違いなく、自分にとってのベースとなった場所です」。

当時から変わらないのは、「生活の中で楽しめる作品」をつくりたいという思いだ。「大学では現代美術を専攻していたんです。その頃は立体や映像作品を制作していたのですが、現代美術って、まずコンセプトありきじゃないですか。それの反動みたいな部分があったのかもしれませんね。作品としての現代美術は好きなんだけど、自分でそれをやっていこうとは思わなかった」。

展覧会でしか見ることのできない芸術作品ではなく、生活の中で取り入れられる、使って楽しめるものをつくりたかった。「美術のマニアみたいな人が来る展覧会に出品するものじゃなくて、ごく普通の人が見て、楽しいな、面白いな、ちょっといいな、と思えるようなものをつくりたいと思っていました。コンセプトとか概念とか、そういうものから自由になりたかったんでしょうね」。

アイデアも、日々の生活の中から生まれてくる。作品の素材になるようなものを、常に探して歩いている。だが、見つけたものがすぐに使えるわけじゃない。こういうものをつくりたいから、こういう素材がほしい、と思って見つけられるわけでもない。「何年も寝かしておいて、ふと〝あ、あれが使える〟と思って引っ張り出してくることもあるんです。何軒お店を回っても、ひとつも気に入るものが見つからないことも、しょっちゅうして歩いている。探すのが好きなんでしょうね。それが私の場合、何かをつくるための第一歩。子どもの頃から、ずっと同じようなことをやってきたのかもしれません」。

素材をもとに、試行錯誤しながら形にしていく。「こ

アーティスト

れどうかなぁ」と考えながら、つくっていく作業が楽しい。「こういうものをつくろうと思い付いても、制作しながら、やっぱりこういうほうがいいかな、って変わっていったりする。その過程が面白いんですよね。私は、同じものがたくさんつくれないんです。たくさんつくっても、結局は、最初につくったものが一番いいって分かるんですよ。真似して同じものをたくさんつくろうと思っても、何かどこかが違ってくるんですよね」。

つくれるものは、何でも自分の手でつくりたい。「昔の人ってそうだったじゃないですか。お母さんが身の回りのものは何でもつくってくれた、そういう感覚に近いのかもしれないですね。ただ、自分で着る服や子どもの服は楽しみでつくればいいけど、仕事としてつくるもの、人の手に渡るものはきちんと完成度を考えてつくります。そういう違いはありますね」。

お子さんがいるので、今は仕事ができるのは夜の時間帯だけ。よく「子どもができたことによる作品の変化は？」と尋ねられるが、自分の中では、何も変わらないと思っている。「ただ、子どもに恥ずかしくないようにしよう、とは思ってます。ちゃんとやらなきゃなって。つくる作品も、つくる姿勢も。誰かのために、という思いが原動力になり、作品づくりに反映する。

アーティスト

「対象が子どもじゃなくても、作品って誰か人のためにつくるものだと思うんです。自分ひとりのためにものをつくってる人って、あまりいないんじゃないかな」。誰かのためと思えば頑張れるし、どうしたらよりよくなるのか考えられる。
「ものをつくることと考えることって、切り離せないと思います。あと、自分が好きなものを、よく分かってるといいと思う。自分にとって何が好きで、何が気持ちいいか、よーく考える。そうすれば、ゆずれないものの判断ができるようになる。どうやって考えながら、つくり続けることですね。どんな仕事でもそうだと思うんだけど、10年できたら大丈夫。本当に好きなことなら、10年ぐらい頑張れると思います」。

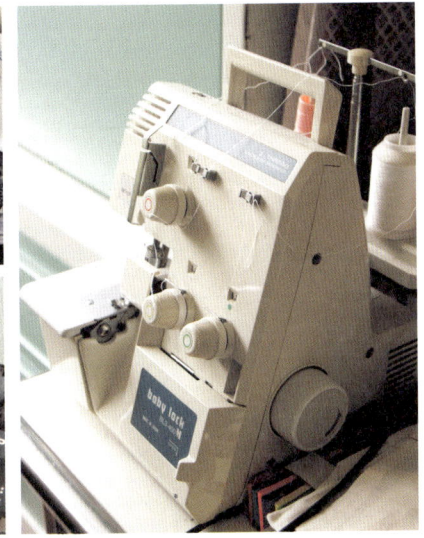

コヤマ・チナツさん　アーティスト

●アトリエ
自宅兼アトリエにて制作

●プロフィール
1963年生まれ
1985年　多摩美術大学卒業
　　　　アパレルメーカーに就職するが、退職
　　　　絵を描き始める
1992年　サンライトギャラリーのお手伝いを始め、
　　　　作品づくりを開始

現在、子育てをしながら、作品づくりをはじめ、
文筆や写真、期間限定の古本屋イベントなどを
開催している

アーティストになるには…
ひとことで「アーティスト」といっても
その幅はたいへんに広い。絵を描く、造形作品を
つくる、小山さんのように身近な使えるものを
つくるなど、人によって表現方法はさまざまだ。
どんなものをつくりたいのかによって、
進むべき道も違ってくる。

006

陶芸家
古角志奈帆さん

街を歩くとき、大好きな
骨董屋さんめぐりをするとき
むくむくっとアイデアがわく。
心に描いた器を、形にしていく。
そのワクワクする気持ちは
今も昔もずっと変わらない。

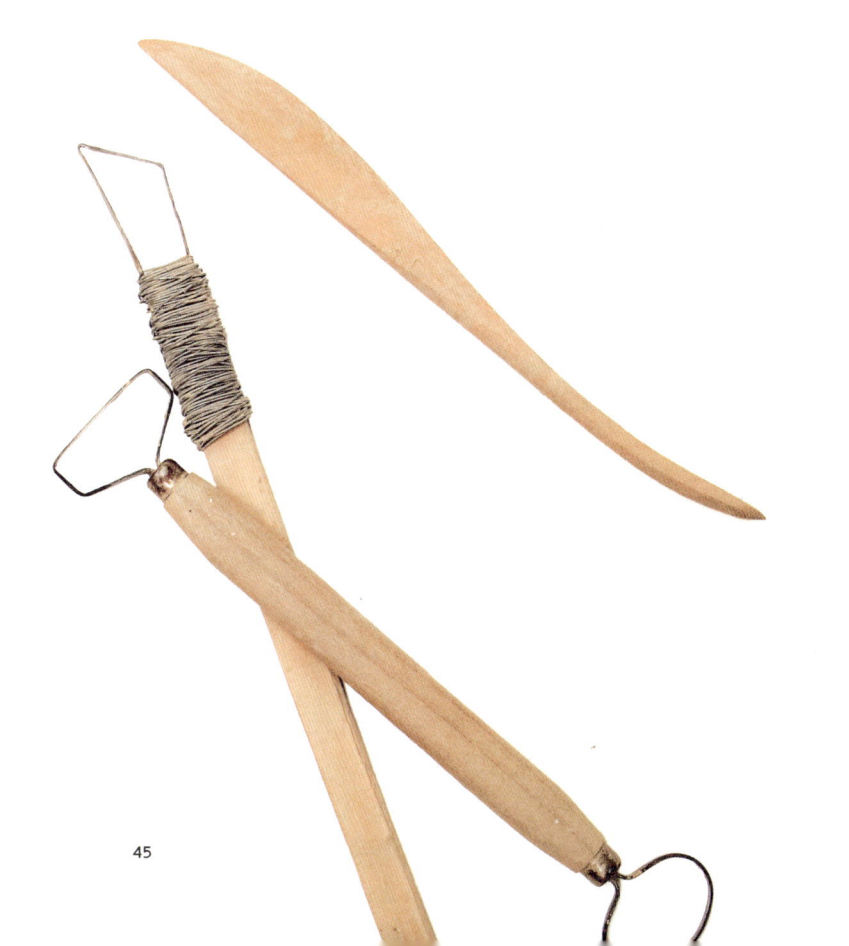

作家である前に、女性としての生活を楽しみたい

ヨーロッパの香りを感じさせる花模様の皿や、貝をかたどった花器。一見、アンティークのようにも見える、独特の温かい陶器をつくっているのは、古角志奈帆さん。大学で陶芸を学び、現在は作家として活動するかたわら、陶芸教室で講師の仕事もしている。

昔からアンティークや化石が好きで、泥遊びが大好きな子どもだった。今にして思うと、その当時から陶芸家の素養はあったのかもしれない。「高校時代にはガラス作家になろうと思っていたんです。エミール・ガレに憧れて、大学もガラスが学べるところを選びました。でも、私はすっごくのんびりした性格なので、実際に制作してみたら、ガラスには全然向いてなかったんですよ」。

作品自体は優雅に見えるガラスだが、制作過程は時間との戦いだ。温度が冷める前に、素早く形をつくっていかなければならない。「自分のペースでゆっくりできるものの方が合っているのかなと思って、2年から陶芸コースを選択しました。そこでは備前焼を学んだのですが、備前はすごく男性的な世界なんですね。昔ながらの徒弟制度が確立されている。自分はもっとクラフト寄りのものを自由につくりたいと思って、違う道を模索し始めました」。「作家以外の道を考えたことは、まったくなかった。作家になるなんて無理なんじゃないかとか、生活はどうするんだろうとか、そういうことは一切考えたことがなかったですね。両親も私の好きなようにさせてくれたので、それが一番ありがたかったと思います」。

卒業後、上京。縁があって知り合いの現在の教室を紹介してもらい、週2回、講師として教えながら、作家活動を始めた。教室内に、小さなアトリエスペースを構えることもできた。「教室の先生たちには、作家としての基礎から教えてもらいました。技術的なことも含めて、心構えの部分も含めて。大学を出てすぐにここへ来たから、知らないことが多すぎて、ときには怒られて泣いたこともありました。でも、根気強く親のように育ててくれて、本当に感謝しています」。

作家というのはこういうもの、と身近で見て学べる環境は、大きなプラスになった。「環境には恵まれていますね。制作だけじゃなく、教室でいろいろな人と触れ合イルがガッチリ決まっていて、昔ながらの製法やスタ

陶芸家

えるのもすごく貴重な経験。週2回というペースも理想的だと思います」。ひとりで閉じこもって制作するだけの生活は、すぐに煮詰まってしまう。一方で、作家としてじっくり制作する時間も必要だ。「両方のバランスがとれているので、どちらも楽しくできています。それに、ここの教室の生徒さんたちって、いつもみんな笑顔なんですよ。接していると、自分も自然と笑顔になれるんです。仕事をしな

れないのだ。プレッシャーが、重くのしかかる。

「そこで頑張ることが自分にとってプラスになると思うんです。つらいことより、楽しいことのほうが断然多いですし。好きなものをつくって、それを好きだと言ってくれる人たちが選んで買ってくれる。頂いたお金で、自分の好きなものを見たり買ったりして、そこで得たものをまた作品に還元できる。それって、仕事としてすごく理想的な循環だと思うんですよね」。

作品のアイデアは次から次へとあふれ出てくる。何も浮かばなくて困った、という経験がない。「でも、陶芸は形にするのが難しいんです。アイデアが100あったとしても、実際に形になるのは10ぐらい。形にするまでに時間がかかるし、失敗も多い。でも、形になったひとつのものから、無限に作品が生まれてくる。その過程の中でときどき、予想以上のものができ上がることもあるんです。そういう瞬間があるから、やめられないのかもしれませんね」。

陶芸以外に、料理も好きだし、それを盛り付けるのも好き。植物や花を育てて、生けるのも大好き。器や鉢や花瓶も、「こういうのがほしい」と思ったら、自分でつくりたくなる。

「ただ陶器をつくるだけじゃなくて、使い方の部分まで提案できたら面白いな、と思って。自分で料理を盛り、写真に撮った器をブログにアップしています。思った以上に反響があって楽しいですね。一方通行じゃないところが、嬉しいです」。

作家として活動を始めて7年。「陶芸家の道を選んで、今は100％よかったと思っている」というが、意外にも、作家であることへのこだわりはそれほど強いわけではない。

「作家として生きる以前に、ひとりの女性として楽しんで生きていたいんです。これから結婚もしたいし、子どももほしい。旦那様や子どもに今までの仕事で培ってきたことを喜んでもらえたら嬉しいですね。将来的に子育てや家庭が忙しくなったら、しばらく仕事をお休みしてもいいと思っています。無理に肩ひじを張って、なんてしてでも作家でやっていく、というつもりはないんです。せっかく女性に生まれたのだから、女性としての楽しみや喜びも味わいたいと思っています」。

子育てをしながらでも、何かしらの形でものづくりには携わっていられると思うから。

気負わず、自然に、女性らしく。

彼女なら、生活とものづくりを無理なく両立させて行けるような気がする。

50

陶芸家

コスミ・シナホさん　陶芸家

●アトリエ&ショップ
工房　　祖師谷陶房
場所　　世田谷区祖師谷6・3・18
電話　　03・5490・7501
HP　　　http://www.soshigayatohboh.co.jp/
ブログ　http://cina.exblog.jp/
webshop　陶工房　http://www.toukoubou.co.jp/
　　　　　和雑貨 翠　http://www.wazakkasui.com
　　　　　K's Table（キッステーブル）
　　　　　http://www.kstable.jp/

●プロフィール
1977年生まれ
2000年　倉敷芸術科学大学陶芸コース卒業
　　　　上京し、作家活動をスタート
　　　　陶芸教室アシスタントとして働く
2001年　個展やグループ展を始める
2006年　祖師谷陶房の講師となる

現在、個展を中心に食器、花器、オブジェ作品などを発表。講師としての活動も続けている

●陶芸家になるには…
とくに学歴や資格は必要ないが、専門の学校や職業訓練校で、技術やデザインを習得しておくほうが望ましい。一人前になるには、少なくとも5～10年の修業が必要と言われている。陶芸専門店、ギャラリー、個展、webshopなどでの販売がメイン。

花は、あくまでひとつの素材。
花を通して人と関わり、
その人のためだけの花束を
つくることが楽しい。
だから、この仕事をしようと
思ったのかもしれない。

007

フローリスト
平松美加さん

きないんです。この花はどうすれば一日でも長くきれいに咲くのか、そのためにどんな下処理をしておけばいいのか。一つひとつの花の特性を知っておかないと、アレンジもできないと思うんです」。

花を知り、その組み合わせを考えるのが楽しかった。絵を描くように、服を身にまとうように、色を組み合わせて花束をつくりあげていく。

「町の普通の花屋さんだから、近所のおばちゃんたちが気軽にお花を買いに来るんです。自分のつくった花束に対して、お客様の反応が直接返ってくるのが面白かったですね。みんなストレートにいろいろ意見を言ってくれる。こっちの花のほうが好きだとか、そういう感じじゃなくてこうとか。コミュニケーションをとりながら花束をつくってきました」。

続けていくうちに、お客様を見て、少し話をするだけで、どんな花束を求めているのかが分かるようになってきた。着ている服、持ち物、話し方、表情。その人の好みが、言葉以外の部分からも読み取れるようになった。

「私の場合、この花が使いたいからこういう花束をつくる、っていう発想はないんです。この人にはこういう色調や雰囲気が似合う、だからこの花を使おう、という選び方をする。要するに、花に過剰な思い入れを持ってい

フローリスト

ないんでしょうね。花はひとつの素材に過ぎないと思っています。ひとつの洋服をつくるときのビーズとかボタンとか、そういうものと一緒なんです」。

相手が見える仕事、誰かのためにつくる花が、一番好き。「だから、いまだに雑誌の仕事などで、"この花を使って自由にアレンジメントしてください"って言われると、急に困っちゃうんです。何にも思い浮かばなくなってしまう。私の場合は、贈る相手のことをあれこれ考えながらつくるほうが、よっぽどやりやすいんです。どんな無理難題を言われても、相手がいたほうが楽しい」。

必然的に、仕事はウェディングフラワー中心になっていった。結婚式のブーケは、一生に一度の花をその人のためだけにつくるもの。自分には、そういった作業が向いていると感じた。「相手とコミュニケーションをとりながら、言葉に表されないその人の内面まで考えるんです。実はこういう人なんじゃないかな? って占い師っぽいところもあるのが楽しいですね。ちょっと占い師っぽいところもあるかもしれません(笑)」。

ただそれは、感性や感覚だけでつくりあげられるものではない。髪型、メイク、ドレスのみならず、式場の壁や床の色、照明のトーン、式の時間は午前なのか午後なのか、光はどの程度入るのか。綿密に計算した上で完成

度を高めていく。長年の経験と技術が、ものを言う。

20歳ぐらいの頃に、5カ月ほどフラワースクールに通ったことがある。花を仕事にするなら、資格を取っておいたほうがいいかもしれないと考えてのことだった。

「でも、課題の通りにつくるのがまったく面白くなくて（笑）。基本の技術だけ習得したら、あとは自由につくっていました。先生もそれでいいと言ってくれる方だったので。知っておくべき基本の型というのは、確かにあるんです。でも、基本をおさえて応用するのは自分次第ですから」。ものづくりに資格なんて必要ない。そう思っ

て、自然とスクールからは足が遠のいた。

「人に習いに行くよりも、自分で考えてつくるほうがいいと私は思います。習いごとのレベルでいいならお手本を真似するだけでいいかもしれないけど、仕事にしたいと思っているのなら、自分らしさを追求しないと。基本の技術を身に付けたら、あとは自分で試行錯誤しながらやっていったほうが、個性を確立できると思います」。

2軒の花屋さんを経て、現在のアトリエを立ち上げてから丸12年。過去には、忙しすぎて体力的に大変な時期もあった。今は少し仕事のペースを落とし、自分でコン

フローリスト

トロールできる範囲でやっていこうと考えている。「おるように、しばらくはゆっくりしたペースでやっていくつもりです」。
客様は満足していても、自分の中で納得できない仕事をすると、フラストレーションがたまってしまう。もっと、今まで以上に一つひとつの仕事を丁寧にやり遂げたいと思うようになりました。日々追われるように仕事をしている状態では、それは無理。体も気持ちも健康でいられ

人は人、自分は自分。ときにはマイペースを貫くのも、ものづくりの仕事には大切だ。「ものをつくるのって、本来すごく楽しいことだから。そのことはいつも、忘れないようにしていたいです」。

ヒラマツ・ミカさん　フローリスト

●アトリエ
アトリエ　La hortensia azul（オルテンシアアズール）
場所　　　東京都杉並区松庵3・31・16・#105
定休日　　不定休
HP　　　　http://www.hortensia-azul.com

●プロフィール
1970年生まれ
1992年　女子美術短期大学卒業
　　　　在学中より花屋でアルバイトを始める
1995年　オルテンシアアズールとして
　　　　アトリエの活動を開始
2000年　現在の場所にアトリエを構える

現在、ウェディングフラワーの企画制作、
フラワーアレンジメントのレッスンなどを行う

フローリストになるには…
フラワーコーディネーターを養成するスクールや
教室に通って学ぶ人が多いが、資格はとくに
必要ないので、基本的なことさえ身に付ければいい。
卒業後すぐに独立するのは難しいので、
生花店などで働きながら腕を磨いて経験を積む。

大切な人を喜ばせたい
びっくりさせたい。
そんな思いをかなえてくれる
世界にひとつしかない
オーダースイーツ。
見ても、食べても嬉しい
ケーキには、
アイデアがいっぱい。

008

スウィーツ・クリエイター
笠尾美絵さん

「その人のためだけのケーキ」をつくる、特別なパティシエ

「SWEETCH」は、笠尾美絵さんが主宰するオーダースイーツのアトリエだ。お店でケーキを売るのではなく、お客様からのオーダーに沿って、ケーキや焼き菓子を作っている。

ケーキ屋さんでチョコレートケーキやショートケーキなど、いくつかの選択肢の中からケーキを選び、プレゼントする相手の名前をデコレーションしてもらう、という経験をしたことがある人は多いだろう。だが、笠尾さんがつくるオーダースイーツは、そういった従来のスタイルのものとはまったく違っている。

たとえば、誕生日ケーキのオーダー。「彼は写真が趣味」という一言から、カメラの形をしたケーキができあがる。「銀行に勤めていた父の還暦祝いに」というオーダーでは、10円玉の型を精巧にかたどったケーキを作成。「化粧品メーカーに勤める女性へ」という要望には、クッキーで香水の瓶をあしらい、ちょっと大人のコーヒー味に仕立て上げた。

また、仕事はオーダーケーキ制作だけにとどまらない。ファッションブランドの洋服やバッグをかたどったクッキーを作ったり、イベント時にクッキーでシャンデリアを制作して展示したり。笠尾さんの高い技術とイマジネーションから、さまざまな形のスイーツが生み出される。

なんだか食べてなくなってしまうのがもったいないという気もする。「でもね、それがお菓子のいいところ。見た目がどんなに面白くても、おいしくないものはダメな気がします。見て、食べて楽しめるから、お菓子ってすごいんですよね」。

笠尾さんのお母さんは、家庭科の先生。子どもの頃から、よく一緒にお菓子を作っていた。「自分がつくったお菓子を友達にプレゼントすると、すごく喜んでもらえる。それが子ども心に嬉しくて」。

学生のころは、漠然と食の道に進もうと考え、短大で栄養士の資格を取った。卒業後はお菓子づくりの道へ進もうと決め、仙台のホテルに就職した。「ケーキ屋さんとかレストランだとか、お菓子づくりを仕事にするにはいろんな選択肢があったのですが、中でもホテルを選んだのは、ここなら幅広い分野が学べると思ったから。まずは、基本をしっかり身に付けたかったんです」。

スウィーツ・クリエイター

64

スウィーツ・クリエイター

当時は今ほどパティシエ志望の女性が多くなく、現場の仕事は非常にハードだった。「お菓子づくりを専門に学んだわけではなかったので、知識も技術もなかった。ホテルでの仕事以外に、自分でも本を読んだりつくってみたりして、足りない部分を補うようにしました」。

4年間の勤務を経て、より広い視野でお菓子の世界を学びたいと、上京。その後は、都内のレストランやカフェ、ケーキ店などで仕事をした。「お菓子づくりを、いろんな形で経験してみたかったんです。同じ"ケーキ"に携わることで、さまざまな表現方法を学ぶことができました。でも、だんだん経験を積んでいくにつれ、自分にはどんな表現ができるだろう？ と考え始めるようになりました」。

パティシエの仕事は、お客様と直接、話をする機会がどうしても少ない。どんなに心を込めて厨房でケーキをつくっても、実際に食べる人の反応を知ることができないのだ。年齢が30歳に近づくにつれて「お客様の喜ぶ顔がみたい。今とは違う形で、お菓子をつくっていくことはできないだろうか？」という思いが次第に強くなっていった。

新たな自分の可能性を探そうと、当時働いていたお店を退職。笠尾さんはふらりとヨーロッパへ旅に出た。2カ月間、イギリス、フランス、イタリアなどを回り、たくさんのものを見て、吸収した。知り合いのフランス人アーティストの誘いで、現地のパン屋さんやレストランで働かせてもらったことも。そんな放浪の旅を経験して見付けた答えは、「自分のやりたいことをやろう」ということ。それが、オーダースイーツだった。

「ホテル、レストラン、カフェ、ケーキ店といろんな場所でお菓子をつくってきましたが、お客様に一番喜んでもらえたのは、"その人のためだけのケーキ"をつくったときでした。人にはいろんな使命があると思うんです。世界でも最先端のパティシエにも使命があるように、パティシエにも使命があるように、手ごろな価格で多くの人に食べてもらうお菓子をつくる人、一人ひとりのお客様のためにお菓子をつくるパティシエも、いていいんじゃないかと」。

SWEETCHを立ち上げたのは、2年前。31歳のときだった。「商売として成り立たせることも大事だけど、それ以上に、私の表現を見て、楽しんでもらいたい。でも、自分勝手につくるんじゃなく、お客様とじっくり話し合って、お互いに納得できる形にしたい。そう思って始めました」。

一般的には、「オーダースイーツって何？」という人

がまだまだ多い。ひとりで制作して広報や宣伝活動まで行うには、どうしても手が回らなかった。「より多くの人に知ってもらいたくて、仕事を通じて友達になった女性に、マネージメントをしてくれるようにお願いしました。ケーキ屋なのにマネージャーがいる、というのはスタイルとして新しいかなと。仕事の方向性や新しい展開などを2人で考えられますし、彼女が窓口となってマネージャーをしてくれることで、私は制作に集中できる。すごく仕事がやりやすくなりました」。

お客様ができ上がったケーキを見て「ワアッ！」と喜んでくれる瞬間が、たまらなく好きだという。遊び心や驚きが詰まった彼女のケーキは、それを見る人、食べる人たちを子どもの様な気分にしてしまうのかもしれない。

オーダー以外にも、ケータリングや、お菓子を素材にしたイベント、ワークショップなど、仕事の幅はどんどん広がっている。お菓子というものを通して、いろんな活動ができるのが楽しい。

「やってみたいことは、ほかにもたくさんあります。デザートを作るのも好きなので、デザートだけのフルコースなんかもやってみたい。あと、アートとスイーツの横断というか、お菓子の素材を使い、ひとつのテーマから発想を膨らませて、新しい表現もしてみたい。お菓子って本当にまだまだ大きな可能性があるんじゃないかって、改めて思います。これからも、新しいスタイルでお菓子というものを提案し続けていきたいですね。

帰り際、お土産に、小さなクッキーをいただいた。口に入れると、ほろほろとくずれる優しい味わいのそのクッキーを食べて、笠尾さんの言葉を思い出した。「お菓子って、貰ったら誰でも嬉しいし、必ず幸せな場面で登場するものじゃないかと思うんですよね。そこが、好きなんです」。

スウィーツ・クリエイター

カサオ・ミエさん　スウィーツ・クリエイター

●アトリエ
アトリエ　SWEETCH
HP　　　http://www.sweetch.jp

●プロフィール
1974年生まれ
1994年　短大卒業後、仙台市内のホテルに就職
1998年　東京都内のレストラン、ケーキ店、
　　　　カフェなどでさまざまなスイーツに携わる
2005年　オーダースイーツを手がける
　　　　「SWEETCH」として独立

現在、パーティー、ウエディング等のケーキ制作や、
ケータリング、イベント企画、都内カフェへの
デザート提供などを行っている

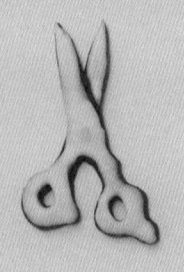

パティシエになるには…
調理師専門学校や、製菓専門学校で勉強するのが
一般的。その後、ケーキ店やホテルに就職する。
お店によって味や製法が異なるので、
いくつものお店を渡り歩く人も少なくない。
ある程度の経験を積んでから独立する人が多い。

009

革・腕時計作家
フジイサユリさん

平面だった革が、
みるみる立体になっていく。
バッグ、リストバンド、お財布。
つくり上げたものを通して
誰かとつながりができる。
ひとりでつくっていても
ひとりじゃない。

リエを構える余裕がなかったので、すごく助かりました。同時に、吉祥寺にあるJHA（日本手造り腕時計協会）を紹介してもらって、お店のない日は、そこでアシスタントとして働きながら腕時計づくりを学んだんです。腕時計づくりという、それまで経験のなかったことを始めるのが、楽しかったですね」。

革製品と時計とを、まったく別物とは捉えていないというフジイさん。「革は柔らかくて、どんなものにもなり得る素材。一方で、時計はひとつのジャンルだから、ある一定の枠がある。自由と制約の両方があるから、やっていて飽きない。そんな感じですね」。

こだわらないのがこだわり、と笑う。「絶対こうでなきゃ、みたいな規制を自分につくりたくないんです。最初の鞄屋さんでつくっていた製品は、すみずみまでカッチリとデザインが決まっていて、"角は必ず90度！"みたいなつくりだったんです。でも、自分ひとりでつくるんだから、あんまりこだわらなくてもいいのかな、と思うようになってきた。どんどんラフな感じになってますねようにつくり続けるうちに、自分自身の幅が自然と広がってきた。できることが、増えてきた。

現在はひとりでアトリエを構えているが、それも、「絶対にひとりでやっていく」と決めているわけではない。

「たまたまひとりでやっているけど、今後、誰かと組んで仕事をすることもあるかもしれない。つくるものも、仕事のスタイルも、"絶対にこう"と決め付けたくないですよね。こういうものがつくりたい、というブレない思いは必要だけど、それにとらわれすぎて、身動きできなくなるのはイヤなんです。中心はしっかり固定しておきつつ、でも、どっちにでも行けるような、余白を残しておきたいというか」。

形にとらわれない、思い込みをつくらない。言葉にするのは簡単だが、なかなかそれを実行できる人は少ない。だが、フジイさんはごく当たり前のことのように、さっとそれを自分のものにしている。そんな人柄に惹かれてか、若い人たちが、お店に相談に訪れることもあるらしい。

「ものづくりを仕事にしたいけど、どうしていいかわからない、とか。そういう迷える子羊さんたちが、たまにここへふらっと訪れるんです（笑）。私も学生時代は同じようなものだったから、気持ちは分かります」。

何かつくりたいという気持ちだけはあったが、自分に何ができるのか分からなかった。「学生時代は、革以外にアクリルで鞄をつくってみたりもしました。映画がすごく好きで、そっち方面の仕事を考えたことも。いろい

72

革・腕時計作家

ろやってみた中で、革という素材をすごく身近に感じたんですよ。自分の手の中でどんな形にもできるし、これなら自分にもできるんじゃないかっていう手応えがあったんですよね。

やりたいことと、できることを冷静に見極めるのが大切だ。「仕事にするなら、やっぱり生活のことも考えなきゃいけない。でも、まずはあれこれ考えすぎないで、自分の中にあるもので、できることからやってみたらいいんじゃないかな。私が最初に、見よう見まねでリストバンドをつくったように、"できること"が何かあるはずだと思います」。

昨年末、パリで展示会を行ってきた。知り合いがアトリエに連れてきたフランス人の紹介で、ひょんなことから実現したのだ。「海外の人に作品を見てもらうのは、すごく面白い経験でした。見たことのないものが多かったようで、みんなポジティブに捉えてくれたみたい。この場所がなければ、そんな出会いもなかったでしょうね」。

オープンアトリエという形で仕事をするのが、性に合っている。開かれたドアの向こうから誰かが訪ねてきて、会話をする。会話しながら、ものをつくる。それが楽しい。「同じ空気を共有したいんでしょうね。ものづくりって、ひとり仕事のようだけど、本当はそうじゃないから」。つくったものをお店に置いてくれる人がいる、発注してくれる人がいる。そして、買ってくれる人がいる。ひとりに見えて、ひとりじゃない。いつも誰かとつながっている。

「これからものづくりを仕事にしたいっていう人に、私なんかが言えることなんてそんなにたくさんはないんですけど。とりあえず、曲がりなりにもここまでやってこられた中で思うのは、地道に、まじめにやるのが一番だってことですね。変な欲を出さず、精一杯やる。そうすれば、いつか誰かが見ていてくれるし、自然といろんなことが回っていく。今あることをまじめに、丁寧に。それだけですね」。

革・腕時計作家

フジイ・サユリさん　革・腕時計作家

●アトリエ＆ショップ
アトリエ　Atelier shop NEJI commu
場所　　　東京都世田谷区代田5・1・20
HP　　　　http://nejicommu.com
定休日　　月曜日

●プロフィール
1976年生まれ
1999年　大学卒業後、オーダーメイドの鞄屋で
　　　　革職人としての仕事を始める
2001年　鞄屋を退職し、時計作家のアトリエに参入
　　　　ショップで制作をしながら時計制作の
　　　　勉強を始める
2003年　個人のアトリエを構える
2004年　現在の場所にアトリエを移す

現在、革小物と腕時計を制作している

革職人になるには…
レザークラフトの工房やハンドメイドの鞄メーカー
などに就職するのが一般的。ファッション系の
専門学校や職業訓練校などで、鞄づくりや革の扱いを
学ぶこともできる。一人前の革職人になるための
修業期間は、3年とも、20年とも言われる。

映画館の切符や布地のタグ
新聞や雑誌の切り抜き
そしてわら半紙。
さまざまな種類の紙が、
井上さんによって
誰も見たことのない
コラージュ作品として
新たに生まれ変わる。

クラフト作家
井上陽子さん

クラフト作家

本気でプロになりたい。その気持ちに迷いはなかった

こんな感じ、と一言で説明するのが難しい。

井上さんのクラフト作品は、種類も、形態も実にさまざまだ。紙や布で作られた箱や立方体、写真をコピーして作ったフォトブック、コラージュでコーティングされたチューブ……。書き連ねるととんでバラバラのようだが、実際にそれぞれの作品を目にすると、共通する「匂い」を強く感じる。褪せたカラー、ザラッとした質感。角張ったものが多く、数字のモチーフが多用されている。どんな小さな作品にも、「井上さんらしさ」が凝縮されている。

井上さんが本格的に作家活動を始めたのは、美大卒業後、上京してからのこと。当初は、イラストレーターとしての仕事がメインだった。とくに知り合いもいなかったので、アルバイトをしながら、出版社やデザイン事務所への持ち込みを始めた。ものをつくる人の中には、この「持ち込み」や「営業」といわれる活動がどうにも苦手、という人が少なくない。作品をつくってはみたものの、それを見知らぬ他人に見せる時点で、気後れしてしまうのだ。ところが井上さんの場合は、正反対。

「営業が好きなんですよ、私。図々しい性格だから(笑)。最初はちょっと勇気が必要だったけど、すぐに慣れっこになりました。1カ月に5〜6回行こうと決めて、時間をつくってはちょこちょこ回っていましたね。"使えない"と言われてもちょこっとへコむんじゃなく、じゃあ次は使えるものを持って来ようと思うタイプなので、臆することはありませんでした。全員が会ってくれるわけじゃなかったけど、幸い、ひどいダメ出しをされることもなかったですね」。

「持ち込み」には、仕事を得るという目的もあるが、いろんな人の意見を聞くことができるというメリットもある。「自分の好きなようにイラストを描いていても、仕事には直結しないことが多い。営業に行けば、仕事で使えるようにするにはこうしたらいいよ、という具体的なアドバイスがもらえるので、勉強になるんです。それに、家でただ黙々と作品を作っていても、仕事にはならないから。私はものづくりをどうしても自分の仕事にしたかったので、まずは見てもらわないと始まらない、と思っていました」。

78

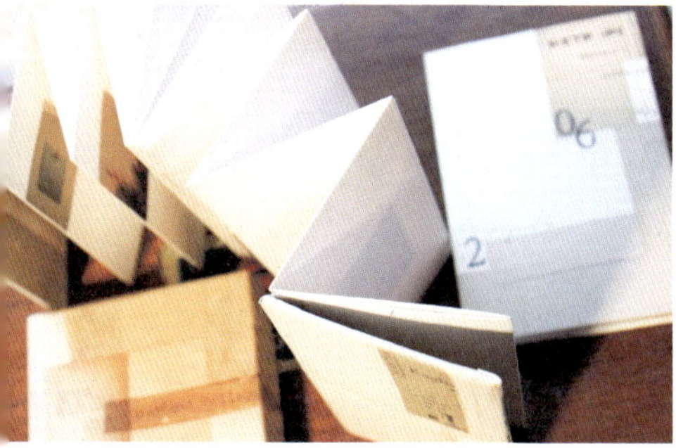

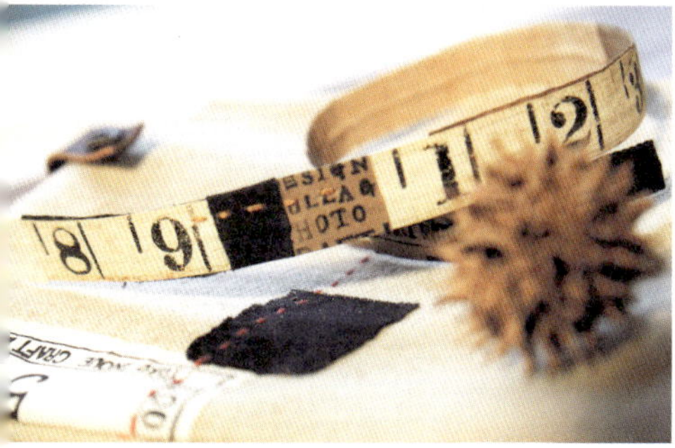

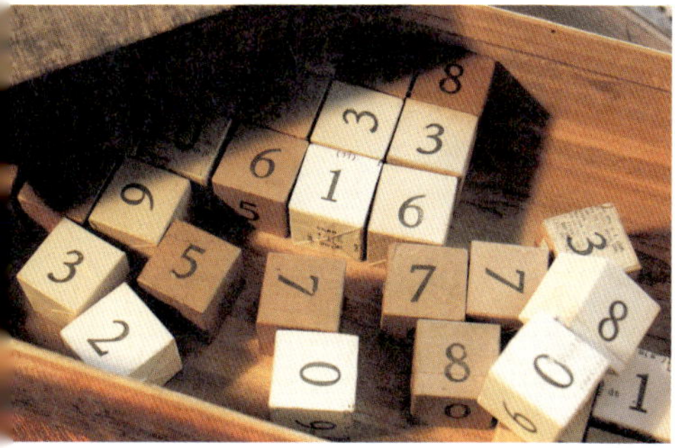

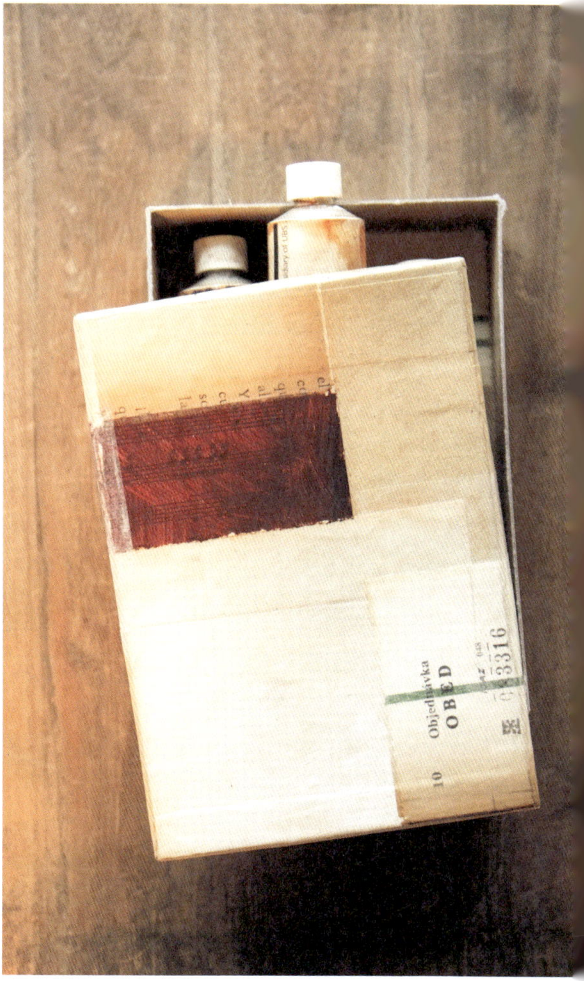

もあると思うんです。何がいいの？って思う人も多いはず。それをものすごーく迷って選んだ上で、コレ！って決めて買ってくれたりすると、本当に嬉しいですね。部屋でどういう風に飾ってくれてるのかなぁって想像したりするのも、また楽しい」。

作業をしていて煮詰まったときや、どうしてもアイデアがわかないときは、外をブラブラ出歩くようにしている。ビルの形や、すれ違う人が着ている服、壁の色、何気なく目にするものがヒントになる。「私の場合、ベッドに寝転がって考え込んでいても、面白いことは何にも思いつかないんですよ。外でいい風景に出会えると、それだけでも今日の収穫はあったな、と思える」。いい具合にさびついた壁や朽ちた木材を発見すると、もう大興奮。夢中になって写真に撮りまくる。「道行く人には、"何してるんだろう、この人"って怪しまれてるかもしれませんね（笑）。私にとっては、そういうものが作品づくりのインスピレーションになるんです」。

外に出て人と関わらないと、この仕事はやっていけない。情報交換もできるし、同じようにものを作っている人と話をすることが、励みになる。「本気でプロになりたい、と思っている人たちと付き合ったほうがいいですね。趣味でもいいや、という人とは、どうしても考え方

が違ってくる。プロを目指す人たちと話すのは刺激になります」。

ものをつくることを、自分の仕事にする。その点に迷いはないが、それでも悩むことはある。ものをつくることと、それを売ることのバランスをとるのが、とても難しい。「売れるものっていうのは、誰にでも愛されるきれいな見た目で、実用性のあるもの。でも、私がつくりたいもの、やりたいことは、そういうものとはちょっと違うんです。だからといって周りの意見を聞かずに、自分のやりたいことだけを一方的に押し付けるのも、仕事としてやっている以上、違うと思う。そのへんの兼ね合いは、今でもよく考えますね」。

ときどき、「そんな仕事で食べていけるの？」とか「ものをつくって食べていくなんて無理じゃない？」といったネガティブな意見を耳にすることもある。だが、それで自分の根っこが揺らぐことはない。「だって、実際に良いものをつくって成功して、食べていける人だって、一握りだけどいるじゃないですか。じゃあ、自分はその一握りになればいい。自分が頑張って、食べていけるようにすればいいだけのことですよね」。

実にシンプル。そして、とっても頼もしい言葉だ。

イノウエ・ヨウコさん　クラフト作家

●アトリエ
都内アトリエにて制作
HP　　　http://www.craft-log.com/

●プロフィール
1975年生まれ
2000年　京都造形芸術大学卒業
　　　　上京し、イラストレーターとして活動開始
　　　　個展・グループ展を開催
2004年　ギャラリーなどでコラージュ作品の発表
　　　　ワークショップを始める
2008年　雑貨メーカーとのコラボにてカレンダー、
　　　　ポスター、マスキングテープなどが商品化
2009年　『写真と紙でつくるコラージュ』（雷鳥社）
　　　　を出版

現在、書籍、雑誌の仕事、雑貨のプロダクトに
携わるかたわら、オリジナル作品を個展や
イベントで発表

クラフト作家になるには…
ペーパークラフトのみを職業にしている人は
世界的にも少ないと思われる。大学・専門学校が
進路としては考えられるが、学歴が役立つ保証はない。
販売方法は、HP、ショップ、ギャラリーでの
展示販売など。

アンティークな
風合いを感じさせる
デコラティブな額縁。
木の質感を活かした
シンプルな額縁。
飾られる絵を
より魅力的に見せる、
そんな額縁を
自らの手でつくり出す。

011

額縁作家
石井晴子さん

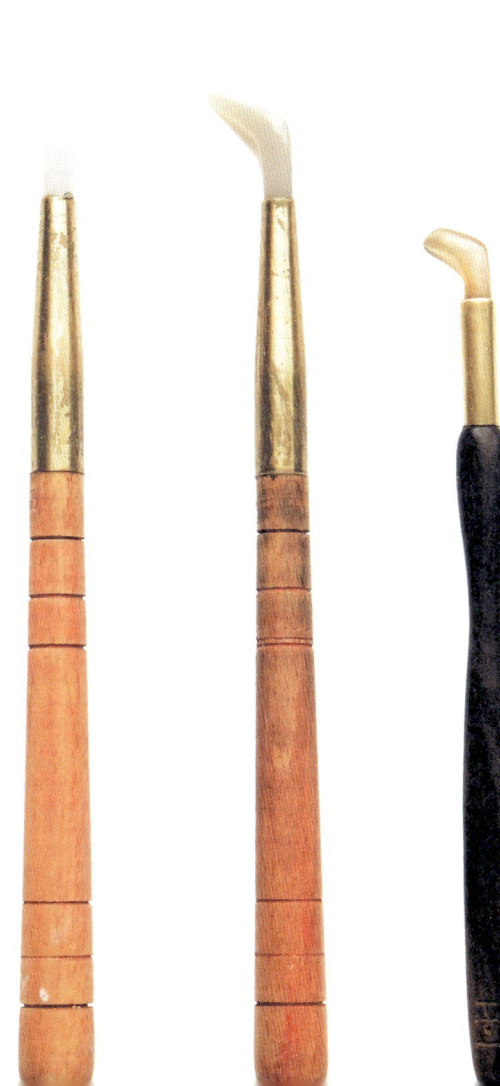

88

額縁作家

だけゴシック時代のミニアチュールのような絵が飾ってありました。その額縁に、もう驚いて。モネを観に行ったはずが絵はほとんど目に入らなくて、額縁から目が離せなくなってしまったんです。普段、美術館で見る額縁って大げさなぐらい立派なものが多いと思うんですが、その額縁は小さくてキラキラしていて、時代を経たものの美しさがあり、私の好きな要素が全部詰まっているような額縁でした」。

穏やかでのんびりした雰囲気の石井さんだが、意外にも「好きになると周りが見えなくなるタイプ」。「額縁を作りたい、これしかない!」という勢いに任せて、学校に木工修復コースへの変更を申請した。「留学中の3年間は、人生でこんなに勉強したことない、というほど勉強しましたね。講義はすべてイタリア語で、専門用語のオンパレード。辞書を片手に、毎日必死でやらなくては追いつけなかった。それでも、帰りたいとか、後悔したことは一度もありませんでした。勉強はとても大変だったけど、大変さと楽しさの落差が激しいというか、テンションの高い毎日でした」。

2年生からは、学校外への研修が奨励されていた。しかし研修先を学校が紹介してくれるわけでもなく、自分で見つけなければならない。「周りのみんなが修復工房へ研修に行く中、私は額縁の工房を片っ端から当たりました。でも、女性だし日本人だしという理由で、難しかったんです。最後の最後に訪ねた小さな工房で、やっと手伝わせてもらえることになりました」。

2年間お世話になった工房は、夫婦で経営している小さな額縁工房だった。そのご夫婦は石井さんにとって「フィレンツェの両親」のような存在だ。「いろいろよくして頂いて、思い出は尽きません。私は手が遅いので、"そんなにゆっくりやっていたら、ごはんを食べていけないよ!"とよく言われました(笑)。

3年間の留学を経て、日本へ帰国。当初は知り合いのツテで頼まれた額縁を制作していたが、そこから先がなかなか広がらなかった。このままでは趣味のレベルで終わってしまうという焦りを感じ始め、額縁メーカーへの就職も考えた。「でも、メーカーでできることは額縁のデザインや輸出入業務。私は、どうしても自分の手で額縁を作ることにこだわりがありました」。

出身大学で非常勤講師をしながら、額縁制作を続けた。あるとき、知人の紹介で著名な写真家の額縁を手がけることになる。それが縁で、その写真家が立ち上げた事務

所に所属し、マネージャーが付いた。「これは大きな転機でしたね。私ひとりではとてもできないような宣伝活動をマネージャーさんがしてくれました。メディアで私の額縁が取り上げられるようになり、仕事の幅が一気に広がりました」。

現在は注文受付と販売窓口として、ネット上のアート作品ショップと契約。作業は自宅の二階にあるアトリエで行っている。すべて一人で制作するので、一作に3週間程度を要する。

石井さんにとって額縁は、「あくまでも、中の作品をよく見せるためのもの」。注文主と打ち合わせをし、作品を見て、可能ならばその絵が飾られる場所も見て、イメージを膨らませる。デザインを考え、実作業に入る。完成までの作業工程も楽しいが、最も嬉しいのは、額を納めたときの注文主の反応を見ることだ。「モロッコの砂漠の絵に額をつけてほしいと注文を受けたことがあります。旅行先で購入された絵なんですが、とてもその絵を大事にされていることが伝わってきて。いろいろと試行錯誤した結果、これって額縁と言えるの? というぐらいシンプルなデザインにしたのですが、額縁を納めた際、注文主の方に"ああ、この場所に行ったときの記憶が蘇ってくるみたい"と言われたときは、本当に嬉しかったです」。

大好きな仕事ではあるが、ときには全部ひっくり返して走って逃げ出したくなるときもある。自分に自信がなくなることも。この絵にこの額縁で本当にいいの? と自分の中で正確なジャッジができなくなるときが、一番つらい。「そういうときは周りの人や家族に見てもらって、率直な意見を聞くようにしています。でも周りから返ってくる答えは、結局、自分の中に既にあるんですよね。自分が〝ここは違うんじゃないか?〟と思うところをズバッと指摘される。そうしたら納得して、あとは黙々と作業に取り組むだけです」。

夢は、自分の教室を持つこと。いつになるか分からないが、テンペラと額縁の教室を開きたいという。「自分が描いた絵に、自分の額縁を付ける教室を開きたいのです。以前、4組の額縁作家が集まった展覧会に参加したのですが、それが本当に四者四様の額縁でした。そのとき、私には私のつくる額縁の趣があり、私なりの額縁のトーンがあるんだと、改めて気付かされました。意識しなくても、個性は自然に醸成されていくものなんですね。自分の絵に自分の額縁を付けることができたら、その人の持つ個性がひとつの作品世界として完成される。絵を描く人にとって、それが一番理想的な形だと思います」。

郵便はがき

151-8790

218

料金受取人払郵便

代々木支店
承　認

1437

差出有効期間
平成23年8月2日
まで有効

有効期間がきれましたら切手を貼ってお出し下さい。

渋谷区元代々木町52-16

雷鳥社 行

フリガナ			歳
お名前			男・女
ご住所　〒			
TEL		学校 職業	
購入 書籍名			
購入年月日	年	月	日
購入 書店名	都道府県		区市町村 書店

裏面のアンケートにお答えいただいた方の中から抽選（毎年5月と11月）で計100名様に弊社特製オリジナルグッズをプレゼントいたします。

······························· アンケート ·······························

ご購読ありがとうございました。本はがきは今後の出版案内、また編集の資料として
役立たせていただきます。お手数ではございますが下記の質問にお答えください。

■**本書を何によってお知りになりましたか**
□書店見て　□ホームページを見て　□友人・知人の紹介
□雑誌(雑誌名　　　　　　　　　)□書評を見て(媒体名　　　　　　　　　)
□その他(　　　　　　　　　)

■**内容について**　□とてもよい　□よい　□普通　□よくない
■**装丁について**　□とてもよい　□よい　□普通　□よくない
■**価格について**　□高い　□手頃　□安い

■**本書についてのご感想がありましたらお書きください。**

·· ご協力ありがとうございました。

雷鳥社の書籍案内

ご希望の書籍に☑してください。(2冊以上の場合は冊数を記入してください。)
送料・振込手数料は当社にて負担いたします。
代金は商品到着後、同封の郵便振替用紙にてお振り込みください。

□「写真の学校」の教科書 (¥1,575)　　□ものづくりを仕事にしました。(¥1,680)
□デジタル「写真の学校」(¥1,575)　　□20代でお店をはじめました。(¥1,680)
□実践人物ライティング (¥1,575)　　□写真でつくる雑貨 (¥1,659)
□写真のプロになる!(¥1,890)　　□はじめての声優トレーニング (¥1,890)
□カメラプラス (¥1,575)　　□はじめてのボイストレーニング (¥1,890)
□ボケ/ブレ不思議写真術 (¥1,575)　　□声優になる!(¥1,260)
■Have a nice day!(¥1,575)　　□もっと声優になる!(¥1,260)
□東京町工場 (¥1,575)　　□書く仕事入門 (¥1,575)
□東京貧乏宇宙 (¥1,575)　　□小説新人賞の傾向と対策 (¥1,575)
□青空サプリ (¥1,575)　　□漫画原作のつくり方 (¥1,575)
□フォトサプリ (¥1,575)　　□星山博之のアニメシナリオ教室 (¥1,890)
□ねこサプリ (¥1,575)　　□斉藤ひろしのシナリオ教室 (¥1,680)
□大学猫のキャンパスライフ (¥1,575)　　□小説を書くための基礎メソッド (¥1,680)
□フラワーズ (¥1,575)　　□小説のメソッド2〈実践編〉(¥1,575)
□ブルー・ノート (¥1,575)　　□長編小説のかたち (¥1,575)
□写真短歌部　放課後 (¥1,575)　　□編集をするための基礎メソッド (¥1,575)

●記載以外の書籍のご注文は下記へご記入お願いいたします。
(　　　　　　　　　　　　　　　　　　　)(　　部)
(　　　　　　　　　　　　　　　　　　　)(　　部)

ホームページでは詳しい書籍の紹介をしております。また購入もできます。
www.raichosha.co.jp/　「雷鳥社」でも検索できます。ぜひご覧ください。

額縁作家

イシイ・ハルコさん　額縁作家

●アトリエ＆ショップ
アトリエ　工房 KANESEI
HP　　　http://www.kanesei.net

●プロフィール
1973年生まれ
1996年　和光大学人文学部芸術学科卒業
　　　　イタリア・フィレンツェのPalazzo Spinelli
　　　　芸術学院木工修復科に入学
1997年　フランカランチ額縁工房にて
　　　　古典技法額縁制作を学ぶ
1999年　イタリア・トスカーナ州公認
　　　　木工修復師資格を取得
　　　　帰国後、オーダーメイド・オリジナル
　　　　額縁の制作を開始
2002年　和光大学でテンペラ画の
　　　　非常勤講師（2005年まで）
2006年　（株）ディヴォート　絵画保存修復事業部
　　　　にて額縁保存修復・制作担当
2008年　東京国立博物館所蔵　フェレッティ作
　　　　「ラグーザ肖像」額縁制作

現在、オーダー作品を中心に制作している

額縁作家になるには…
大学や専門学校、職業訓練校などで木工を学ぶ人も
いれば、日本国内の額縁店（製造販売店）で修業したり、
まったくの自己流で制作する人もいる。
販売方法は、口コミ、HPでのオーダー、ギャラリーや
インテリアショップに置いてもらう、など。

紙一枚と、はさみ。
たったそれだけの道具から
美しい切り紙が
次々に生まれていく。
一つひとつの切り紙に
「歓び」を感じてほしい。
そんな思いが、込められている。

012

切り紙作家
矢口加奈子さん

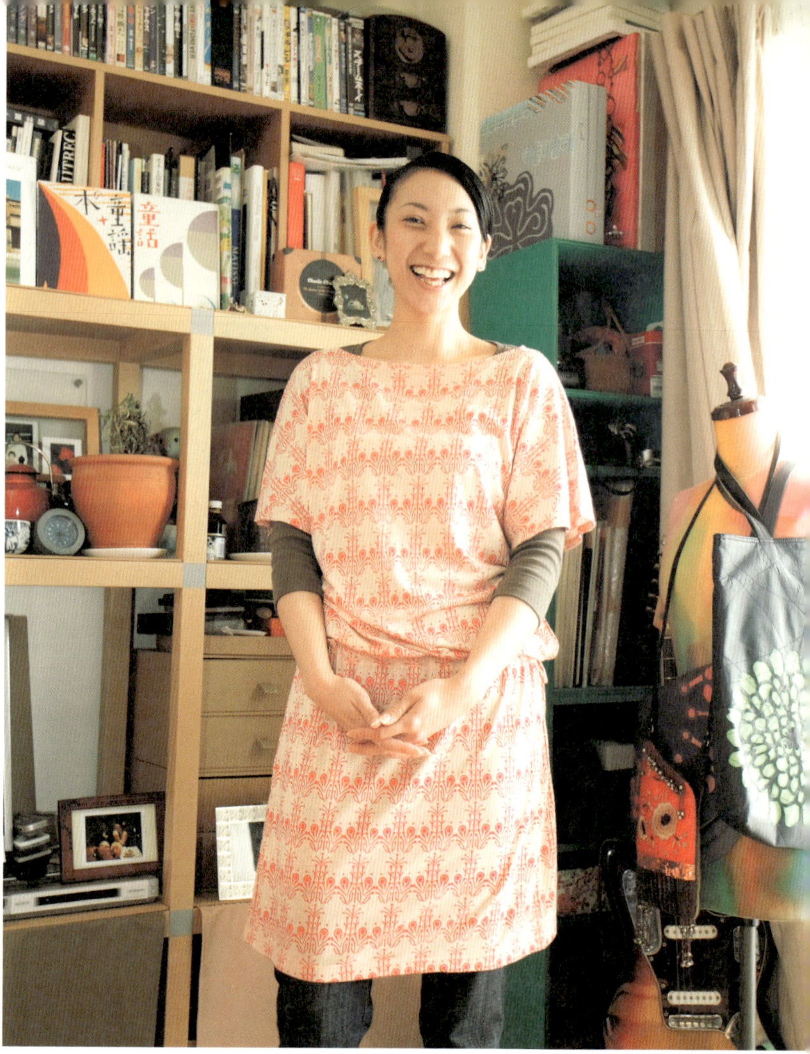
童話

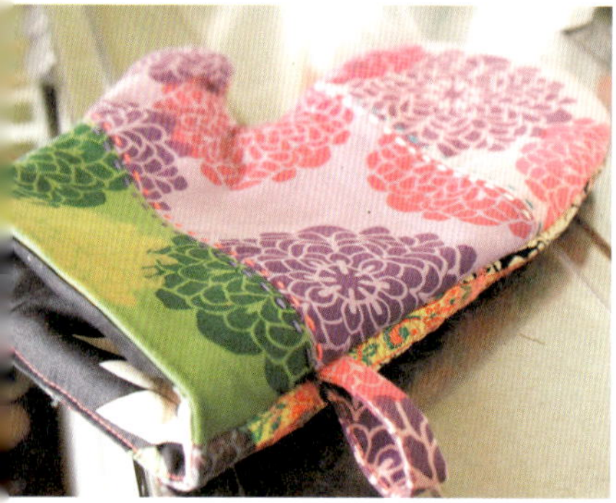

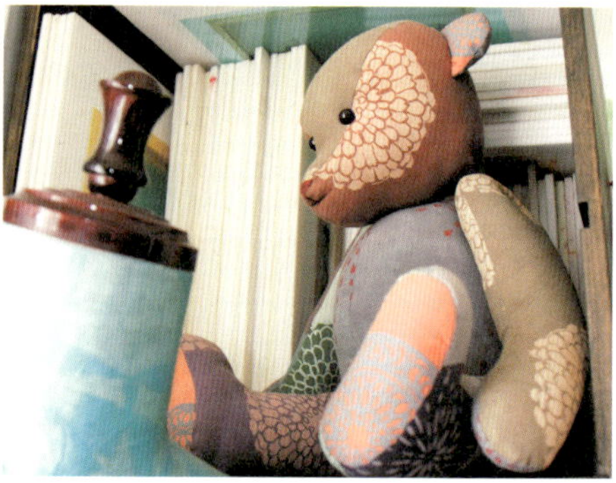

切り紙作家

自分にしかできない表現を、かたちにしていく

四角い紙を小さくたたんで、ハサミを入れる。広げてみると、正方形だった紙が、思いもよらない形に変化している。子どもの頃、誰もが一度は試みたことがあるだろう、切り紙。矢口加奈子さんは、その切り紙をモチーフにアートワークを行っている。「切り紙」と聞いてイメージするような和風のものだけでなく、フランス風の模様、有機的な模様、はたまた懐かしくも独特な雰囲気の模様など、色も形もさまざまだ。切り紙を見るのも楽しいが、矢口さんがそれをつくるところを見るのも、たいへん興味深く、面白い体験だった。

「人につくって見せることも、時々あります。切り紙というジャンル自体、理解されるのが難しいですから。切り紙作家です、と名乗っても、分かってもらえないことのほうが多いんです。"で、どんな仕事してるの？何をつくってるの？"と必ず聞かれる。口で説明するよりも、目の前でつくって見せるのが一番早いんですよ」。

会話をしている間も、ハサミを持つ手はすいすいと動き続ける。一見、ランダムに切っているかのようにも見えるが、どんな形ができあがるのかは、既に大体頭の中にあるという。そばで見ているこちらには、どんな模様ができあがるのかまったく予想できない。うーん、矢口さんの頭の中を覗いてみたい。思わず、そんな気持ちになった。

矢口さんが切り紙を始めたのは、20歳ぐらいの頃。「なんとなく思いつきで」、やってみたのが始まりだった。「当時、美大で空間デザインを勉強していたんです。勉強自体は面白かったのですが、建築や設計は誰かの手を借りないとできない仕事。最初から最後まで、自分の手でできることのほうが向いているのではないかと思うようになりました」。

自分の手の中で完結するものを、つくりたい。だが、自分に何が向いているのか分からなかったため、できることを片っ端からやってみた。「絵も描いたし、オブジェや立体作品も作りました。洋服や布小物も。切り紙は、その中でたまたまやってみたことのひとつだったんです。切り紙って作品自体は平面だけど、つくる過程は立体に近い。大学で学んでいた空間デザインと、少し共通する部分もあったんだと思います」。

とはいえ、それが作品になるとも思えず、しばらくの間は人に見せることもせずに自宅でひたすら切り紙を続けた。

「あるとき、切り紙をコラージュしたものを学校に持っていったら、周りの友人から予想以上に評判がよかったんですよ。"面白いよ、これ！"と言ってくれて、自信がわくと同時に、よし、もっと切り紙をやってみようと勢いが付きました」。切り紙をプリントやパッチワークにして、Tシャツやバッグなどの布小物、ランプなど、さまざまな作品を作った。「切り紙だけじゃ誰も興味を持ってくれないだろうから、何か形にしなければいけないと思って。それまで洋服や小物を作ったり、いろいろと試行錯誤しながらやってきたことが役に立ちました。無駄じゃなかったと思います」。

大学4年生のとき、初めての個展を開催。少しずつ、ショップに商品を置いてもらえるようになった。年に数回のペースで個展をしながら、アルバイトをする日々。切り紙だけでやっていけるようになるまでには、時間がかかった。「25歳のとき、知り合いの紹介でいろいろな分野のデザイナーさんたちと事務所をシェアすることになったんです。その人たちが私の作品を面白がって、内装のアートワークとして使ったり、デザインに取り入れてくれたり、仕事を紹介してくれるようになりました。正直、営業は苦手なほうなので、ラッキーだったなって思います。アドバイスもしてくれて、本当に勉強になりましたし、今でも大切な人たちです」。

自分のことを、「気が付くと、同じことばっかりやっちゃうタイプ」だという。だからこそ、人の意見はとても

切り紙作家

貴重だ。「でも、言われてすぐに動くことはないんですよ。誰かに言われた言葉がなんとなく頭の片隅に残っていて、しばらく経ってから、あ、あの人が言ってたのってこういうことなんだ、と気付くんです。自分なりにきちんと消化してからでないと、動けないんでしょうね。時間がかかる性格なんです、本当に」。

今も、家にいるときは、時間があればハサミを手にしている。旅行に行くときにも、ついハサミを鞄に入れてしまう。「それでも、以前に比べると、マイペースで仕事ができるようになってきました。肩の力が抜けたという何かにとりつかれたように、作り続けていた時期もあったんですよ。とにかくいっぱい作らなきゃ、と自分を追い込んで」。

今となっては、そういう時期も経験しておいてよかったと思える。でも今は、もっと一つひとつの作品とじっくり向き合いたい。「切り紙のお仕事を頂く機会が多くなってきたので、今のほうが一日中切っていることが多いんです。でも、前よりもきちんと自分と向き合って私らしく制作している気がします」。

切り紙という「自分らしい表現」を見付け、仕事として形にしてきた矢口さん。ものをつくる人は誰もがみんな、自分にしかできない表現、自分だけがつくれるものを探している。だがそれを見つけるのは、容易なことではない。「私、今、専門学校の講師もやっているんですが、若い生徒さんたちと話すと、口ではいろいろ言うんだけど、手を動かしているのかな？と思うんです。確かに、"誰もやっていないもの"を見つけるのは難しいことだし、そんなもの、もう世の中に残されていないか

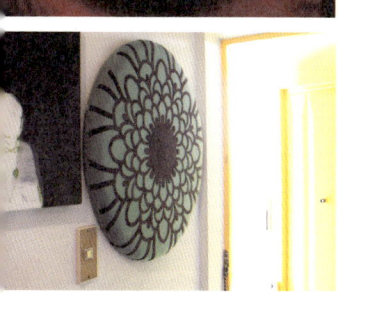

98

切り紙作家

もしれない。私が同じぐらいの年齢だった頃に比べて情報は多いし、みんな知識も持っている。だけど、考える前に、まず自分の手を動かして何かつくらないと。そのうちに進むべき道や、好きなことがだんだんわかってくるのではないでしょうか」。

生徒たちと接する中で、自分自身を振り返ることもある。見つめ直すきっかけになる。「思いつくことは、何でもやってみればいいと思います。その中で、飽きずに続けられるものを、ずっと続けていけばいい。あとは、周りの人を大事にすること。最後に支えになるのは、家族や友人とか、身近にいてくれる人ですから。でもそれは、長く続けて年齢を重ねてきたからこそ、分かったことなのかもしれませんね。私も仕事を始めたばかりの頃は、自分ひとりで何でもできるって思っていたかもしれない。

切り紙作家として活動を始めて、10年。これからは、切り紙自体を作品として見せて行こうと考えている。意外にも、切り紙をメインにした個展を行ったことがないのだ。「何かモノに展開しないと、切り紙だけでは作品にならないっていう思い込みがずっとあったんですね。それも周りに言われて、やっと気付いたことなんです。"切り紙だけでも十分面白いよ、もっと切り紙で表現できることが沢山あるんじゃない？"って言われて、ああ、そうなのかぁって。ここまで行き着くのに、すごく時間がかかってしまいました。でも、今までの積み重ねがあるからこそ、これからの個展の形もきっと発展していけるんだと思います」。

個展以外に、空間デザインや映像など、いろんな形で切り紙を見せることもやってみたい。「多くの人と、一緒になって関われるものをつくってみたいんです。自分ひとりでやりたい、と思って始めた切り紙だけど、私がひとりでできることには限界がある。それに、人が関わることで、作品の見え方が変わってくる。自分の想像を超えた面白さを、切り紙を通して見てみたいと思うようになってきたんです。まずは切り紙の個展を納得いく形で行った上で、多くの人と自然に関わっていきたい。今までやりたくても実現できなかったことを、形にしたいですね」。

ヤグチ・カナコさん　切り紙作家

●アトリエ＆ショップ
自宅兼アトリエにて制作
HP　　　　http://www.yorokobinokatachi.com
webshop　野庵—yarn—　http://www.a-yarn.com/
　　　ショップ　Mic Mac.　http://www.mic-mac.net/

●プロフィール
1976年生まれ
1998年　女子美術大学卒業。在学中から個展や
　　　　グループ展にて、切り紙での制作活動を始める
2003年　海外でも作品の発表を開始する
2007年　初めての作品集を出版
2009年　切り紙による絵本を出版

現在、個展を中心に、様々な分野の企業との
コラボレーションや、アートワーク、装丁、
ワークショップなども展開

切り紙作家になるには…
「切り紙作家」という肩書きで活動している人は、
非常に少ない。矢口さんの場合は、
切り紙をグッズに展開することで物販を行い、
店舗などのアートワークにも活用されるなど、
自分自身で「切り紙作家」としての道を
切り開いてきた

013

工房の名前
「ZAPATEO」は
スペイン語で
「ステップ、靴音」という意味。
足取り軽く心も躍る
オーダーシューズ。
大切につくられた靴を
大切に履き続ける幸せがある。

シューズクリエーター
野田満里子さん

大好きな靴を自分でつくれる喜びが、独立へのきっかけに

横浜で、靴工房「ZAPATEO(サパテオ)」を主催する野田満里子さん。メンズ＆レディースのオーダーシューズ、ベビーシューズをすべてハンドメイドで制作している。野田さんの前職は、社内デザイナー。大学で工業デザインを勉強し、大手フィルムメーカーに就職した。「同級生がメーカーにデザイナーとして就職していたので、自分もあまり深く考えず、同じような道へ進みました。コンパクトカメラのデザインから始まって、カセットテープやMDのジャケット、印刷用機材のパネルデザイン、現像サービスのウェブデザイン、女性向けサイトの制作など、さまざまなデザインワークに携わりました」。

だが、入社当初から漠然と「この仕事を、自分はずっと続けていくのかな」、という疑問があった。「私の場合、どうしてもカメラのデザインをやりたい、と思って入社したわけではなかったですから。そういう熱い思いを持って入ってくる人たちとは気持ちが違うし、徐々に差が出てきてしまう。この会社を一生勤め上げることはないだろうな、と感じていました」。

シューズクリエーター

靴づくりに出合ったのは、25歳のとき。メキシコ生まれの野田さんは、子どもの頃から靴の生活だったこともあり、大の靴好きだった。「ある日、同じ部署の男性の先輩が、すごく素敵な靴を履いてきたんですよ。その方も靴好きな人だったので、"それ、いいですね！ いつもと違う。どこの靴ですか？"って聞いたら、"いや、自分でつくったんだよ"って言われて、もうびっくり。靴って自分でつくれるの？ どこで習ったの？ って先輩を質問攻めにしました」。紹介された学校へ見学に行き、そのまますぐに入学。週一回の勉強が始まった。

「初めてつくったのは、ショートブーツ。作業はとても楽しかったですね。でも、自分はここをこうしたいと思っても、先生に"それは無理"って言われることが多かったんです。今考えると、確かに無茶なことを言ってたなって分かるんですが、当時は、どうして思った通りのデザインにならないの？ 知らないって怖いですよね（笑）」。

半年ほどかけて、最初の一足が完成。靴づくりの喜びを実感し、それからも自分や家族の靴をつくり続けた。「つくり方が分かってくるにつれて、もっとこうしたい、そのためにはどうすればいいんだろう？ と知りたいことがどんどん増えてきたので、専門クラスに進むことに

したんです」。

毎日19〜22時、会社が終わると学校へ。さらに、横浜で靴の底付けをやっている職人さんに弟子入りし、月2回、土曜はそこへ修業に行った。平日の睡眠時間は、3〜4時間しか取れなかった。「嫌いなことを我慢してやっているわけではなかったから、つらいと思った記憶はないですね。授業が終わってから会社の飲み会に途中参加したりとか(笑)、我ながらパワフルでした。勉強できる期間が決まっていたし、秘密を持っているようなワクワク感もあって、より頑張れたのだと思います」。

25歳から5年間、会社勤めと靴づくりの勉強を並行して続けた。会社を辞めて独立したのは、30歳のときだ。

「30歳で独立する、と決めていたわけではないんです。ひとり暮らしのアパートで作業をするのに限界を感じ始めていたところ、知り合いが、場所があるけど貸そうか？と提案してくれたんですよ」。

それが現在のアトリエだ。決して広くはないが、ひとりで作業するには十分なスペースが取れる。音を出しても構わない環境も、アトリエには最適だった。「先に場所が決まったけど、いきなりオーダーだけでやっていくのは無理。副業を持とうと思い、ダメもとで、靴づくりのスクールにいきなり電話したんです。会社を辞めて独立しようと思っているのですが、オーダーだけでは難しい、何か私にできることはないでしょうか？って」。

求人があったわけではないし、知り合いがいたわけでもない。「向こうの人はびっくりしていたけど、とりあえず会って話を聞いてもらえることになったんです。そうしたら、パソコンを使ってデザイン画を描く授業の講師に空きがあるから、やってみませんかということになって」。会社でデザインの仕事をしてきたので、パソコンでの作業は難なくできる。1年準備期間をもらい、社内での引継ぎや仕事の処理をして、2000年に退職。独立へと踏み切った。

「行動を起こせば、何かにつながるんですよね。でも、あまりにもとんとん拍子にことが進んでしまったので、波がきてるな、とは思ったけど、この波に乗ってもいいのかな、という不安はありました。でも、覚悟を決めたら、あとはやるだけのかな？って。

シューズクリエーター

106

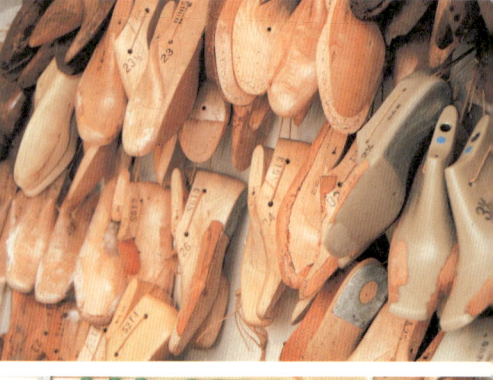

シューズクリエーター

けですから」。

最初は、家族や前の会社の同僚、友人知人などのオーダーが中心だった。経歴のユニークさと女性靴職人という珍しさもあって、メディアに紹介される機会が多く、それを見て、少しずつオーダーしてくれる人が増えていった。知り合いの紹介で、セレクトショップなどにも置いてもらえるようになった。

順風満帆に思えるキャリアだが、3年ほど前、悩んだ時期があったという。靴の仕事が減り、収入が安定しなくなったのだ。ネガティブになり、せっかく入った靴つくりの仕事にも集中できなくなってしまった。「いったん仕事を休んで、メキシコに住む父のもとへ旅行に行きました。ちょっと息抜きが必要だな、と思ったので。そのとき父に、"辞めたくなったらいつでも辞められるんだから、もう少し続けてみたら"と言われたんです」。

野田さんのお父様は、メキシコで会社を経営している。現地のスタッフと仕事をする難しさや、経営の困難に直面したこともあったのだろう。そんな人の言葉だからこそ、勇気付けられ、励まされた。

「もうちょっと頑張ってみようと、元気が出ました。靴だけに思い入れ過ぎていたのかもしれないと思って、まったく関係のない飲食店のバイトもしてみたんです。体は休めないけど、接客業の勉強などにもいい経験になりました。そのうち、靴の仕事のペースもまた安定してきました」。

靴づくりは大好きだが、仕事に対するプライドや見栄で、がんじがらめにはなりたくない。「作家じゃないし、芸術作品をつくっているわけじゃない。頑なにならず、状況に応じて考え方のバランス感覚を大切にしていきたいんです。履いてきれいに見えるものをつくりたいという、こういうデザインのものしか作りません、みたいな制限を自分に課すこともしません。お客様も含めて、人の話をきちんと聞ける人間でありたいんです」。

ひとりでずっと靴づくりをしてきたが、今は仕事のスタイルを模索中だという。「大きくするか、このスタイルで続けるか。次の展開を考えている状態です。大きくするには量産しなければいけないけど、それはひとりでは無理。でも、大きくして自分で コントロールしていけるのかどうか。仕事って、5年ぐらいは無我夢中で続くものだと思うんですが、10年以上続けるには、いろいろとやり方を考えていかないと。靴の仕事はずっと続けていきたいので、何が自分にとってベストな道なのか、もうちょっと時間をかけて考えてみるつもりです」。

ノダ・マリコさん　シューズクリエーター

●アトリエ＆ショップ
アトリエ　靴工房ZAPATEO
場所　　　東京都台東区浅草7・3・6
　　　　　タテマツビル2F#1
電話　　　03・5731・6467（東京事務所より転送）
HP　　　 http://www.zapateo.com

●プロフィール
1969年生まれ
1992年　大学を卒業し、フィルムメーカーに就職
1994年　靴の専門学校に入学
　　　　会社勤めをしながら靴づくりを学ぶ
2000年　会社を退職して独立
2001年　本格的に活動を始める

現在、オーダーメイドの靴を制作しながら、
靴専門学校の講師も務めている

シューズクリエーターになるには…
靴の専門学校や教室でつくり方を学ぶのが一般的。
中には、イタリアなど海外の靴の学校に留学する人も。
まれに独学で習得する人もいるが、非常に難しい。
学校を卒業しても必ず就職先があるわけではなく、
独立して靴制作をする人も多い。

最先端と言われるものは
一秒後には古くなる。
日本に昔からあるもの、
たとえば「盆栽」に
誰も気付かなかった
新しい可能性を発見できるかも……。
そこからすべてが始まった。

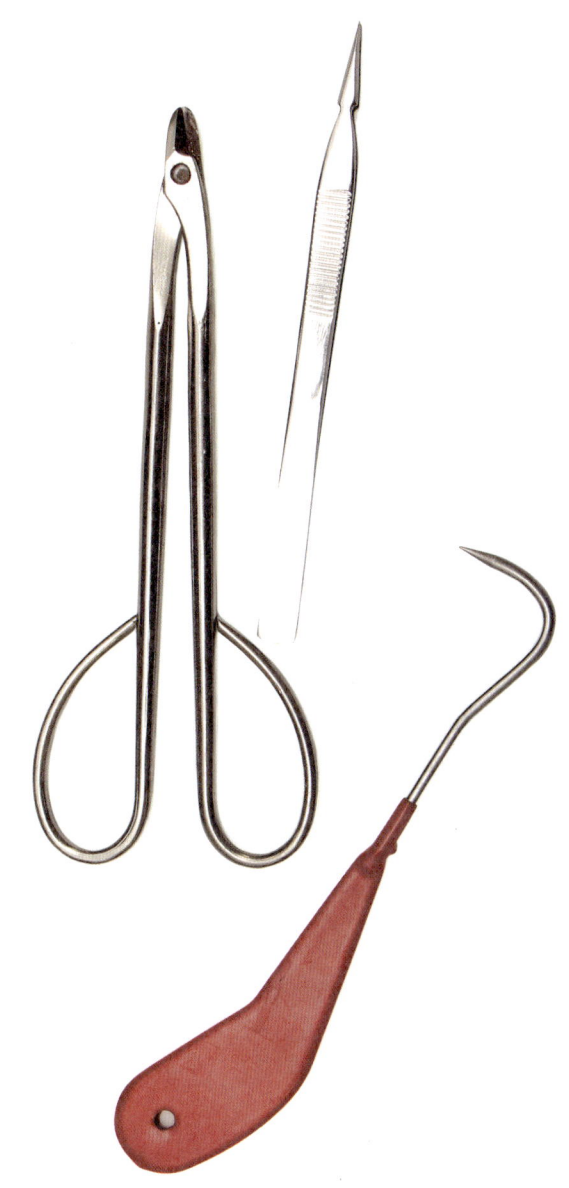

014

POPBONSAI アーティスト
田嶋リサさん

盆栽は恋愛と一緒。思い通りにならないところが面白い

盆栽と器が合体したオリジナル作品「POPBONSAI」のクリエイターである、田嶋リサさん。世界で唯一の「POPBONSAIアーティスト」である彼女が盆栽と出合ったのは、今から8年前のことだった。

「当時、私はラジオ番組のDJや雑誌ライターといった音楽業界の仕事をしていたんです。あるとき、急に父が倒れて、意識不明の状態に陥ってしまった。突然のことで家族もびっくりしちゃって、いろいろと話し合う中で、いっそのこと家族みんなで海外にでも移住しようか？っていう話になったんです。そこでハタと気が付いた。留学経験のある田嶋さんは、英語自体は堪能だが「日本人ならではの技術」が何もなかったのだ。

「父は和食の板前で、英語が話せたわけじゃないけど、料理という技術を通して海外の人ともコミュニケーションをとっていたんです。私は英語が使えるようになりたい、っていうことにばかりこだわっていたけど、そういえば、父は言語以外の形でコミュニケーションをしていたなぁって思い出したんです。それに、私以外の家族は調理師免許や栄養士の資格を持っているんだけど、私に

はこれというものが何もなかったんですよ」。英語がしゃべれるなんて、海外に行けば当たり前のこと。そこで、日本人として何ができるかということのほうが重要だと思い至った。

「日本人なのに、日本人ならではの技が自分にできることを探したいと思ったんです。日本人としてできることを友人にしたら、彼女はピアノの先生なんだけど、"自分がやるならピアノの調律師か盆栽だなぁ"って言われて、ピンときたんですよね。アメリカの映画に盆栽が出てくるなど、海外では"盆栽といえば日本"というイメージが既に確立されていた。「さっそくインターネットで"BONSAI"って検索してみたら、海外のいろんなサイトが出てきたんですよ。日本での盆栽の捉えられ方とちょっと違う感じがして、これはやってみる価値があるんじゃないかと思ったんです」。

今でこそ、盆栽教室も数多くあり、小さな盆栽を自宅で育てる若い女性も増えているが、当時は、盆栽といえば「おじいさんが庭でつくるもの」。現在のように、モ

POPBONSAI アーティスト

ダンな感覚のものではなかった。
「あえてそういうところに飛び込んだのは〝太い道より細い道〟って考えがあったから。たくさんの人が既にやっているジャンルよりも、ちょっとしか人のいないところへ行ったほうが面白いし、道が細くても先につながる。それに、盆栽は国家試験があるようなものでもない。音楽業界の仕事を続けながら、少しずつ自分のペースでできるところも、自分にとっては魅力的だったんです」。

早速、次の日に書店で盆栽の雑誌を購入。でも、どこへ行けば盆栽を勉強できるか分からなかった。「いきなり編集部に電話して、〝どこで教えてもらえるんでしょう?〟って聞いたら、編集長が盆栽の展示会で会ってくれることになったんです。女性が盆栽に興味を持っているってことと、音楽業界の仕事をしているってことが珍しがられたのかもしれません。3時間ぐらいお話して、盆栽園を紹介してもらいました。当時の私は今より見た目がずっと派手だったので〝なんでこんな子が盆栽?〟って思われたみたいですけどね(笑)」。

盆栽園で基本的な技術を学び、展示会で知り合った業者さんたちにも盆栽に関する幅広い知識を教わった。さらに、盆栽を始めてわずか3カ月後には、盆栽の鉢をつくるために、陶芸教室に通い始めた。「盆栽の展示を見

112

POPBONSAI アーティスト

ていて、名木だなぁと思うことはあったんだけど、どれが誰の作品なのか全然分からなかったんですよ。パッと見て、私の盆栽だと分かるようにしたかったんだけど、それは既存の鉢では無理だった。じゃあ、自分でつくるしかないなってことで、陶芸も始めたんです」。

田嶋さんがつくる器には、足がくっついている。見ているうちに、それぞれの鉢にキャラクターが感じられるのが面白い。「あるときポンと足をつけてみたら、なんだかすごく面白かったんですよね。キャラクターは、つくっていくうちに自然とでき上がる感じかな。上手に器をつくろうとは思ってないし、きれいで上品なだけのものにも興味がない。それなら既存のもので、いくらでもあるから」。

半年足らずで個展を開き、翌年の秋には二回目の個展を開催。そのとき、「POPBONSAI」という名前が生まれた。「私がつくるものを、正統派の盆栽と一緒にしちゃいけないと思ったんです。盆栽としては異端だからね。違う名前をつけようと思っていろいろ考えました。ミュージシャンが新しいバンド名を考えるようなノリで。言ってみれば、ひとりでBONSAIとバンドを組んだみたいな感じですね」。

バンド名が決まったら次はプロモーションだ。「プレ

113

スリリースやDMを作成していろんなところへ送ったり、グッズを考えてみたり。音楽業界でやってきた仕事がそのまま役に立ちましたね。プロモーションビデオまで作ったんですよ」。

ユニークな活動が注目を浴び、日本国内だけでなく、海外向けの書籍も出版した。だが、自分の作品である盆栽の販売を仕事にするつもりはない。「鉢は売るけど、自分で育てている盆栽を売るのは、何か違うと思う。私の作品だけど生きものでもあるから、値段をつけられないんです。盆栽は自分でつくって、育ててほしい。生き物だから、思い通りには育ちません。どんどん形を変えていくけど、それが面白いんですよね。盆栽って、恋愛と一緒だと思うんです。盆栽の世話ができるようになれば、いい恋愛ができると思う」。盆栽には完成がなく、

POPBONSAI アーティスト

錯誤している状態だけど、POPBONSAIを通して、そういうことも伝えていけたらいいなと考えているんです」。

盆栽にも、ものをつくることにも、終わりはない。

「あるとき、誰もが知っている大御所のミュージシャンにインタビューする機会があったんです。その方が"未だに作品を発表するときは不安になる。誰も振り向いてくれないんじゃないかと心配になる"って言ったんですね」。これほどの立場の人でもそうなのかと、驚いた。

「なるほど、みんな一緒なんだなって思ったの。ものをつくる人は、ずっと不安を抱えながら、それでもつくり続けていくものなんだなって。リストラや退職があるわけじゃないからね。自分の気持ちひとつあれば、どんな形でも、どこまでも続けていけるものなんですよね」。

終わりもない。突然枯れて死んでしまうこともある。「自分の支配下に置くんじゃなくて、パートナーとして対等にやっていかないと。人間関係と一緒なんですよ。盆栽から学んだことは、いっぱいありますよ」。

田嶋さんは現在、立教大学の大学院で異文化コミュニケーションを学んでいる。人間と自然との付き合いにおいて、POPBONSAIが貢献できることを模索し、環境教育に結び付けたいと考えている。「POPBONSAIがなければ、こういったことに興味を持つこともなかったでしょうね。私、盆栽や自然は癒しじゃないと思っているんです。癒しっていう考え方が、もう人間中心で傲慢な気がする。植物はそれ自体で自由に生きてるものであって、人間を癒すために存在してるわけじゃない。仲間意識というか、一緒に暮らしているような感じ。今はまだ試行

タジマ・リサさん　POPBONSAIアーティスト

●アトリエ＆ショップ
アトリエ　非公開
HP　　　http://www.popbonsai.com
webshop　BROWSE　http://www.browse.ne.jp/

●プロフィール
1967年生まれ
1991年　海外留学を経てラジオ界へ
　　　　DJのほかにライター業も始める
1999年　全日本小品盆栽協会に加入
　　　　相模支部の会員になり、盆栽の勉強を始める
2000年　POPBONSAIの活動をスタート
2004年　海外向けの本も出版

現在、POPBONSAIの新たな可能性を
探りつつ制作活動中

盆栽家になるには…
盆栽教室などで基本的な技術と知識を身に付けて、
盆栽園などに就職するのが一般的。徒弟制度を
とっている盆栽家が多く、修業には5年以上を要する。
独学で盆栽技術を磨いて盆栽展に出品し、
高い評価を受ける人もいる。

金やプラチナより、やわらかい。
だから、銀は自由な造形に向いている。
長崎さんの何ものにもとらわれない自由な心を形にするのにこれほどぴったりな素材はないのだろう。

015

シルバーアクセサリー作家
長崎由季さん

「これを一生の仕事にしよう」と思った最初の気持ちを大事に

「Yuki Silver Works」という工房名で、シルバーの指輪やネックレスなどのアクセサリーを制作している長崎由季さん。この道20年以上のベテランだ。高校時代には、知人に紹介された彫金のアトリエでアクセサリー制作を始めていた。「週に何度か、学校帰りに通っていました。技術を教えてもらいながら、仕事をお手伝いする形で。そのうち、少しずつお給料をもらうようになったのですが、24歳の頃にそこを辞めたんですよ」。

その理由は、「旅にハマってしまった」から。「20歳のときに、初めてインド・ネパールに旅行に行ったのですが、いい意味で大きなカルチャーショックを受けたんです。日本に戻ってからも、また早く次の旅に出たくて、居ても立ってもいられない状態になっちゃったんですよ」。

仕事を辞めて一年間の旅行に出たが、帰国後も飲食店などで短期のバイトをして、お金を貯めては旅行に出るという生活が続いた。「20代後半まで、そんなバックパッカー生活をしていました。その間は、シルバーの仕事から離れていたんです」。20代後半にさしかかり、再び少

シルバーアクセサリー作家

しずつ作品をつくるようになった。ギャラリーで合同発表会なども行い、ポツポツと注文も来るようになった。

「それでも、シルバーの仕事だけでは全然食べていけなかったので、画材屋さんでアルバイトを始めたんです。そこで、社員にならないか、と誘われたんですよ」。

「社員になって、画材屋を一生の仕事にしていいのだろうかと考えたとき、こんなことしている場合じゃない、と気付いたんです。シルバーアクセサリーの制作を、きちんと仕事としてやっていこうと改めて決意しました」。

そのときふと思った。「私、こんなことをしていていいのかな?」と。

幸い、当時の自宅は一軒家だった。シルバーの加工作業にはガスバーナーや金床、金槌を使う。大きな音が出るため、マンションなどの集合住宅では作業が不可能なのだ。「自宅で半年間ほどアクセサリーをつくりためて、会場を借りてまとめて展示販売するという形で活動を始めました。作品を見た方がオーダーをくれるようになって、徐々に仕事として確立できるようになっていきました」。

しかしあるとき、地域の再開発によって、自宅がマンションに建て替えられることになった。「いきなり岐路に立たされましたね。あのときが一番のピンチだった。

シルバーアクセサリー作家

田舎に引っ込んで制作をしようかとも考えましたが、それだと販売面がどうしても弱くなる。アトリエを借りようにも、ひとりで使えるような手ごろなスペースの物件はない。仕事が続けられるかどうかの、瀬戸際まで追い詰められました」。

運よくマンションの設計士から、現在のアトリエの場所を使ってはどうかと提案され、大家さんたちも同意してくれた。「もともとは、マンションの倉庫として建てられたものなんですよ。中は6畳ぐらい、内装工事をすればトイレや流しも付けられるし、何よりも隣近所を気にせずに作業ができる。一も二もなく飛びつきました」。

それから10年以上、ずっとこの場所をアトリエ兼販売スペースとして使っている。「ここを使えることになったのは、本当にラッキーだったと思います。それまではよそのギャラリーを借りて作品を発表していたのですが、ここなら直接お客様に来てもらえるし、販売もできる。子どもの頃からこの場所に住んでいるので、近所の人たちが尋ねてきてくれるのも楽しかった。「こんな素敵な仕事をしてたのね！」って言って、皆さん一つぐらいずつ買ってくれたんですよ。すごく嬉しかったですね」。

作業は、細かい部分まですべて自分の手で行う。できる限り外注には出さない。外部に発注すれば作業工程が楽になるのは分かっているが、「全部自分でやる」ことにこだわりたい。仕事の規模を大きくすることにも、興味がない。「こういう仕事で規模を大きくしようと思ったら、量産体制にしないと無理。そうすると、型をとって同じ製品をつくり、仕上げだけを行うことになる。それじゃあ、仕事としてつまんないでしょ。そうすれば楽だしある程度の収入は見込めるだろうけど、やりたくないからね（笑）。決まったものを同じようにつくることを、面白いと思えない。「同じシリーズのものでも、全部手づくりだから、ひとつずつ違っているんです。40歳過ぎた頃から、人生一度だけのことを無視してまでやるのは、時間がもったいないと思うんですよね」。

数年前、ホームページを立ち上げて仕事を受け付けるようになった。見ず知らずの人がメールしてくれて、オーダーしてくれるのが面白いという。「自分のものをオーダーする人も多いけど、男性が、女性へのプレゼントをオーダーすることも結構多いですね。後日、女性からお礼のメールが来たりすると、すごく嬉しくなります」。オーダーの内容は、まったくのお任せの場合もあれば、細かいデザイン画まで用意してくる人もいる。

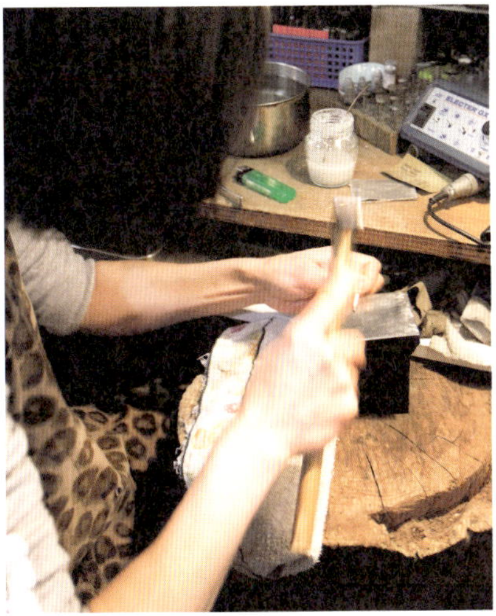

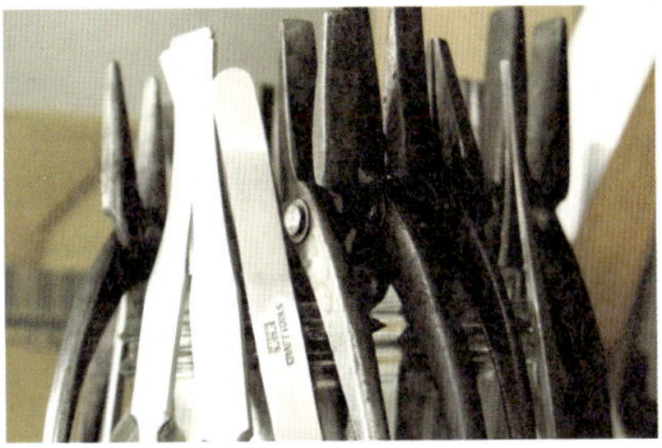

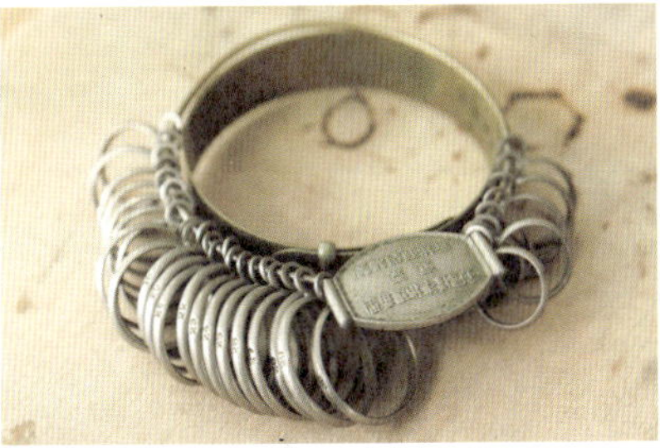

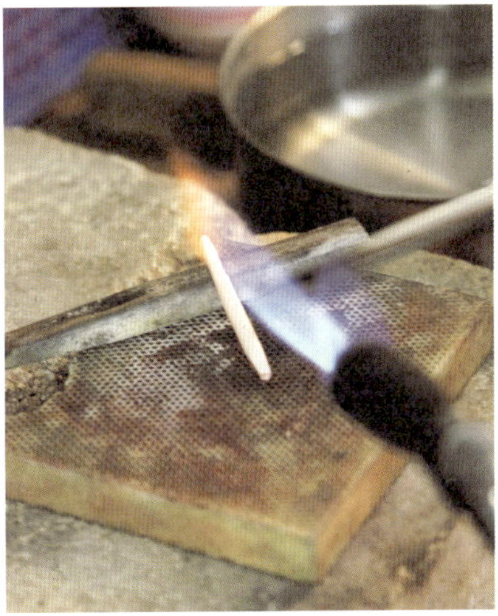

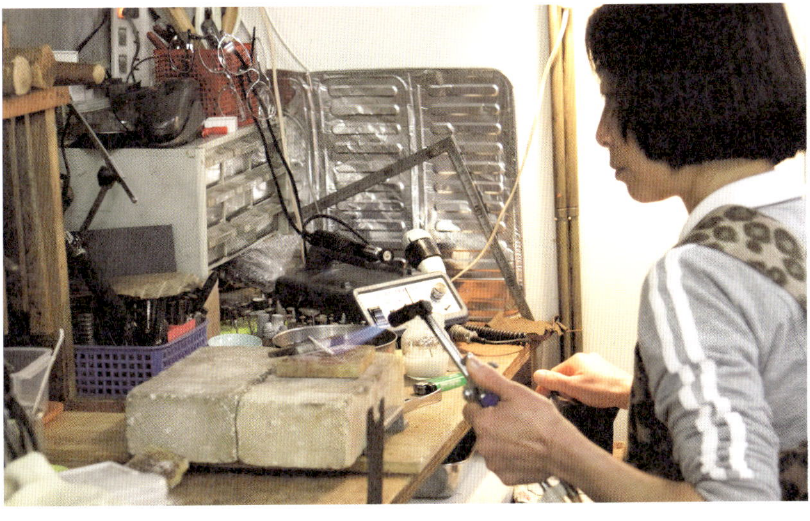

「技術的に可能であれば、なるべくご希望に沿って忠実につくるようにしています。でも、身に着けるものだからあまりにも重くなってはいけないし、結構制約があるんですよ」。

難しいオーダーを受けることもあるが、それがかえって、自分にとってプラスになる。「困難なオーダーを受けても、それを形にするために試行錯誤することで、自分自身の技術が上がる。自分のつくりたいものだけつくっていると、腕が鈍るんですよ。今までやりたいものだけつくっていくと、できることしかやらなくなっちゃうから、上達しない。それはこういう仕事をやっている以上、一生続くことなんだろうと思います。そういう意味では、私自身、お客様に育ててもらっているんでしょうね」。

作風は、徐々にシンプルなものへと変化してきた。「過去の作品は、もっとデザイン的に凝ったものが多かったんです。シンプルなほうが、粗が目立ちやすいぶん、つくるのが難しいんですよ。一箇所でもへこんだりすると、イチからやり直し。ミスが許されない」。

20年以上、ものづくりを仕事にしてきた長崎さん。ものづくりを仕事にしたいと考えている、若い世代の人たちに伝えたいことを尋ねてみた。

シルバーアクセサリー作家

「この仕事を自分の一生の仕事にしようと思った、最初の気持ちを大事にすることでしょうか。私自身、気持ちがぐらついたとき、迷ったとき、つらいことがあったとき、ものをつくることに純粋に一生懸命だった頃の自分を思い出すことが、時々あるんです」。生活のためにはお金を稼ぐことも大事な要素だが、それだけが目的になってしまうと、本末転倒だ。

「自分の軸足がずれていないか、折にふれて、自分をちゃんと見ることも大切です。私は今、48歳です。加齢にしたがってますます無理は利かなくなってきましたし、集中力も衰えてきます。そんな中でも、仕事を続けることで培ってきたものは、ちゃんと光っています。自分にしかできない仕事をする喜びというのは、何物にも代えがたいほど大きいと思いますよ。まぁ、あんまりたくさんお金は稼げないけどね。そう言って、長崎さんはにっこり笑った。

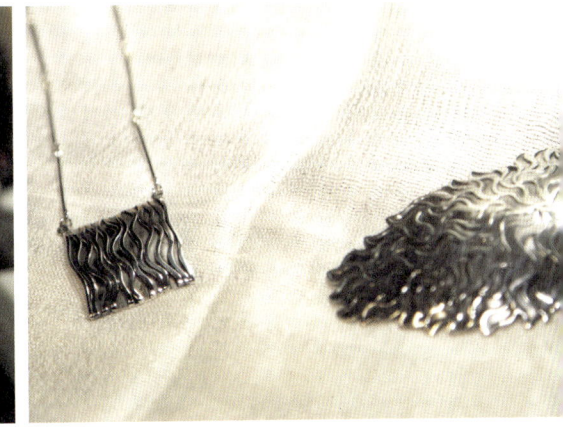

ナガサキ・ユキさん　シルバーアクセサリー作家

●アトリエ＆ショップ
ショップ　Yuki Silver Works
場所　　　東京都世田谷区赤堤2・43・12
　　　　　ベルグ赤堤参番館1F
電話　　　03・3328・5950
営業時間　11:00～18:30
定休日　　火曜日
HP　　　　http://www13.ocn.ne.jp/~yuki.s.w/

●プロフィール
1959年生まれ
1977年　高校時代にアクセサリー制作をスタート
1992年　本格的にシルバーの仕事を始める
1996年　アトリエを構える

現在、オリジナル作品、リメイク、オーダーメイドまで幅広くシルバーアクセサリーを手がける

シルバーアクセサリー作家になるには…
彫金を学べるスクールや専門学校などで勉強する、彫金工房に入ってプロのもとでアシスタントとして経験を積むなど、基本的な技術を身に付ける必要がある。シルバーアクセサリーのデザインや製造を行う会社に就職する方法もある。

125

あとがき

ちょうど一年前に、『20代でお店をはじめるまで』という本を出版しました。——女性オーナー15人ができるまで』という本を出版しました。カフェや雑貨屋さん、フラワーショップなど、魅力的なお店をつくった女性たちの実際のストーリーを綴った本です。

その第二弾という形で、この本をつくることになりました。陶芸、布小物、革小物、ステンドグラス……。さまざまなスタイルで「ものづくり」に携わっている女性たちに、話を聞きました。なぜ、その仕事を選んだのか。どんな道を経て、その仕事にたどり着いたのか。ものづくりを仕事にするというのは、どういうことなのか。

「趣味と仕事とは違う」とよく言われます。確かに、ものづくりを仕事にすることによって生じる責任やプレッシャーは、趣味で何かをつくることとは大きく違います。ただ、「自分の手で何かを生み出してみたい」と最初に抱いた気持ちは、プロやアマチュアといった線引きとは関係ないところにあるものだと思います。

何かをつくってみたい。そう思い立ったら、まずは自

分の手を動かすこと。身近にある、できることからやってみる。それが形になったとき、知らないうちに新たな一歩を踏み出しているのだと思います。

2007年10月

編・著　田川ミユ

編集プロダクション、出版社勤務を経てフリーランスの編集・ライターに。編・著書に『20代でお店をはじめました。——女性オーナー15人がお店ができるまで』(小社刊)、『TOKYOカフェ』シリーズ(エンターブレイン)などがある。

ものづくりを仕事にしました。
女性クリエイター15人ができるまで

2007年10月15日　初版第1刷発行
2009年8月28日　第2刷発行

編・著　田川ミユ
撮影　河野俊之／田中　茂（P66）
レイアウト　文京図案室
編集　板垣由紀
発行者　柳谷行宏
発行所　雷鳥社
　〒151-0062
　東京都渋谷区元代々木町52・16
　TEL　03・3469・7979
　FAX　03・3468・7272
　HP　http://www.raichosha.co.jp
　E-mail　info@raichosha.co.jp
　郵便振替　00110・9・97086
印刷所　シナノ印刷株式会社

定価はカバーに表示してあります。
本書の写真・イラストおよび記事の一部、あるいは全部を無断転写・複写はかたくお断りいたします。
著作権者、出版者の権利侵害となります。
万一、乱丁、落丁がありました場合はお取り替えいたします。

ISBN978-4-8441-3495-4 C0077
©raichosha 2007 Printed in Japan.